我當著毛澤東特務的日子

陳寒波——原著

【導讀】揭露毛澤東內幕而慘遭暗殺的陳寒波

蔡登山

一九五二年一月十六日，也就是農曆十二月二十日，即將過年前十天。當天晚上七時四十分，在荒涼僻靜的香港九龍黃大仙路四十六號A附近，忽然傳出兩聲尖銳的槍響，劃破靜寂的長空。次日各大報報導發生一宗離奇命案，一男子身中兩槍，當場斃命。警方最初發佈消息僅謂：「死者為一中國籍男子，年約三十餘歲，身高五尺四吋，面目黝黑，穿寶藍色陳舊西裝，黃皮鞋，被兇徒狙擊兩槍斃命。一槍彈著點在左肩，一槍在左胸，兩彈均從前面射入，兇手可能與死者迎面相遇，認清面貌才開槍射擊。」

十八日各報記者經過兩天的追蹤採訪，才把這宗政治謀殺案理出一個頭緒來：「前晚發生於黃大仙道政治謀殺案的被害者陳寒波，他是去年（一九五一年）秋間由上海逃出鐵幕來港的，在香港寫過四本書即《今日北平》、《反共宣傳與文藝運動》、《地下火》、《一個紅色女間諜的新生》；另有一本《我怎樣當著毛澤東的特務》尚未脫稿。從他的著作中，證明他是一個共產黨員，曾經擔任過重大任務，掌握了很多有關中共的祕密資料。他憤恨中共的欺騙而羞與為伍，捨棄紅朝新貴的官不做而逃亡海外，將紅朝的醜惡內幕，及共黨領導人物的醜惡面目，在他的著作裡作了赤裸裸的暴露。這位追求民主自由青年文藝寫作家會被人狙擊而死，兇手是什麼人？主使這宗卑劣謀殺案的是什麼人？讀者是不難推想到的。」

陳寒波出生於廣東省台山縣上澤鄉的大墩村，學名晉唐。他父親陳壁光是在美國經商的華僑。陳寒波小學念的是上澤鄉成務小學，後入台山培英小學，繼升入台山師範初中部。初中畢業後，他便到上海匯文中學，寄居父親的乾親溫宗堯家中。他被上海的左派組織「文特」、「藝特」、「學特」所吸收，他成了一個狂熱的共產黨徒。他嚮往號稱「抗日聖地」的陝北邊區，於是在一九三七年「八一三」淞滬戰爭爆發後，便離開上海，萬里投荒，跑到延安受訓，並正式成為共產黨員。在延安受訓大約一年，於一九三八年冬廣州失陷後，中共利用他的地域人事關係，派他到香港參加「文運」、「青運」的地下工作。當時廣州國民大學遷到香港，他便以旁聽生的身分在國民大學借讀，從事組織青年的工作。他在名作家茅盾的領導之下，參加「文運」工作，並以筆名「蕭曼」、「陳北流」等在左派報紙上發表詩歌文章。

陳寒波在香港不到兩年的時間，因遠在美國的父親不滿兒子與左翼文人的接近，主張他去四川成都投考中央陸軍軍官學校，並託付溫宗堯照顧一切事宜。中共組織方面知道此事後，認為是滲透國民黨軍事幹部學府的最佳機會，於是他以陳晉唐的名字，考入成都軍校十六期步科受訓。陳寒波在軍校的任務就是偵查軍校訓練的實際內容，散播共產思想，吸收左傾同學等等。他在組織關係上，受中共「青年運動」的連成壁領導指揮。他以共產黨的觀點，寫了一份批判中央軍校軍事訓練的理論報告《布爾喬亞的軍事理論批判》。這份報告在延安印成小冊子，分發給各級共幹作為教育資料。從毛澤東以下，均認為他是一個不平凡的共產黨員，因此奠定了他在中共黨內的地位。

一九四一年一月，當他軍校快畢業時，他被軍統人員確定是與共黨有關的問題份子。正在此時，他關節炎發作了，於是順理成章的住進了軍校醫院療養。他心想這倒是一個擺脫國民黨特務注意的大好機會，並可伺機逃跑。可是他的如意算盤打錯了，此時軍統局派了與他同隊的熊某，假裝病人與他同住一個病房

「養病」，就近監視。只待重慶方面的指令一到，馬上將他正式逮捕。就在逮捕的前夕，熊某的女友，卻約熊某那晚去看電影。熊某於是找到同一病房的一個他認為可靠的同學，並告知陳寒波的身分，請他務必代為好好監視。沒想到該位同學也是思想左傾，而且是陳寒波的莫逆之交，於是他把這個祕密洩漏給陳寒波知道。於是他們兩人便在廁所中，將綁腿結成繩索，由這同學幫助他從城牆一角，利用寒冬黑夜，逃出了天羅地網。而此時熊某正與女友依偎在電影院卿卿我我，至於他的女友是不是共方的女間諜，這也是個謎。

陳寒波當晚伏在馬槽裡過了一夜，驚魂未定，後來輾轉設法獲得中共外圍份子祝華的哥哥掩護幫助，從成都逃到重慶，躲在紅岩嘴的中共駐重慶辦事處，並改名為陳應武。雖是如此，但他共特的身分已徹底暴露了，他無法在國內活動了。於是中共組織方面乃要他到美國去，利用他父親的關係，在華僑社會中從事「僑運」工作。他離開重慶，取道香港準備赴美，沒想到適逢太平洋戰爭爆發，不久香港淪陷，就在此刻他認識了他的太太葉素珍。葉女士是江蘇人，世代書香，她酷愛文藝，也是當時的女作家，感情豐富而有正義感。他們由相識而相戀，很快就結為夫婦。

在日治的香港，他雖然有日偽警察局長掩護其共特的身分，但在一九四二年的農曆新年前幾天，一個由他領導的幹部，被日本特務機關發現是共特而拘捕了，陳寒波深知自己處境危險，即與太太相商，於是年除夕之夜，兩人搭上一艘帆船逃往澳門，再乘船逃往廣東台山。回到台山之初，他即與老上司連成壁取得聯絡，連成壁要他去韶關相會，他因身上無錢，無法成行，不久連成壁死了，陳寒波與中共的組織關係也一度中斷。

五個月後，他憑著與台山縣長女婿是中學時的同學這層關係，他打入國民兵團任中隊長，後來又出任派出所所長，及三埠「軍警督察處」督察，甚為活躍。但他至不在此，從他將祖產變賣而籌辦左傾的報紙，搞暴動等等活動看來，他對共產黨的熱愛，乃是無以復加的。在台山與三埠相繼為日軍所陷後，他們夫婦逃到韶關。因其妻兄的介紹，陳寒波被派往粵北乳源縣田賦處任總務科長。日軍長驅直入，他們夫妻再次逃難，經千家山到連縣，在連縣他任國立華僑第三中學軍事教官。

抗戰勝利後，陳寒波在國民黨梅菉市黨部任書記長，同時自己創辦《梅菉民報》任社長兼主編，以國民黨的招牌，做共產黨的宣傳工作。一九四六年尤其妻兄介紹他晉見廣東省主席羅卓英，許以先任他為廣東省政府參議，以後遇缺即補，派他任縣長。一九四七年他以國民黨特務的身分，參加由張君勱領導的民社黨的革新派，並當選為中央委員。同時他也打入由董時進所領導的農民黨。但他的內心還是嚮往共產黨，他相信只有毛澤東那套辦法，才能使積弱的中國強盛起來。一九四八年他毅然拋妻棄子，獨自跑到東北去參加實際的「革命戰爭」。但結果是令他失望的，他說：「一九四九年十一月間，東北長白山森林專業公司，因調用由集中營監獄中的反動殘餘五千餘人參加採伐木材工作，他們受不住冰天雪地慘絕人寰的苦役，爆發了反抗，在荒山野嶺中，中共使用了毒瓦斯，對付赤手空拳的奴工，在一個大坑中，救活埋了千餘人。這事在一九五〇年春，我從一個專業公司的職員口裡，證實了這次慘案。」其實，這只不過是中共暴虐政權下，千萬樁慘案之一，但由這事，便已使他感到人性的痛苦了。

而後他從東北回到石家莊，進入北平，參加新政協的座談了。可是，等得他到了「北京」，他把擺在面前的現實一看，他理想的天國給醜陋的現實打破了，他的理想登時幻滅了！於是他和他的家屬，終於在一九五〇年八月初，先後逃到香港來。陳寒波是中共尚未奪得政權前重用的特務，後來又在中共華東區特務頭子楊帆手下工作，地位重要，因看穿中共殘民禍國的真面目，逃抵香港後，經常在報上發表抨擊中共的文章，楊帆曾揚言要手刃此叛徒。又據當時曾屬中共高層的張國燾說：「陳寒波參加過中共的特務工作，走到海外來又宣佈他所知道的特工內容。這種人，共黨非予以剷除不可，他走到天涯海角，也要幹掉他的！」於是一九五二年一月十六日晚上七時四十分他就遭暗殺了。

陳寒波的遺著《我怎樣當著毛澤東的特務》一書，以親身經歷，揭發上海中共特務內部的種種機密和種種慘無人道的罪行。書中披露，陳寒波一九五〇年春搬進了位於上海舊法租界善鐘路二百三十七號的華東中共特務機關主要部門「情報工作委員會」（簡稱情委會）。情委會主任委員胡靜波（即胡均鶴）除了歷史上「不清白」的污點，飽受人們的歧視外，還遭受著楊帆及其嫡系幹部的排擠。情委會內這一大批「不清白」的幹部，由兩種人構成的：其一是那些原是中共黨員，做地工時給國民黨逮捕，被迫自首和參加國特機關工作，後又與中共組織恢復了工作關係。其二是那些原是純粹國民黨特務，或者又曾兼充過汪日特務，可實際上卻是共特機關的間諜。在情委會裡，大權落入一批對工作無多大貢獻的，由老解放區跟著老闆到來，驕横跋扈的嫡系幹部手上。他們騎在前兩種情委的頭上，有功便屬於他們的，有錯便該由他人領了。

情委會集中了軍統系作內線工作有深長歷史的人，編成一個工作組，是武裝保衛性質的，由收集、判斷軍統系情報到佈署內線，協助對這一系犯人的初審，這是情委會第一工作組。第二工作組是政治保衛性的工作組，主要對付ＣＣ派中統系與陸京士等工特系統的。第三工作組也是政治保衛性的工作組，但主要對付青年團及蔣經國系及一般雜牌敵特等工作的。第四工作組是對付一般社會情報，尤其著重工商業與經濟金融市場內潛伏敵特等工作，有著經濟保衛的性質。第五工作組對付國境內國際情報對象。

陳寒波在第二工作組任第二副組長，胡靜波兼任組長，但實權操在第一副組長張浩的手裡。二組下有五個小組：專門針對中統正規組織與幹部鬥爭的；針對ＣＣ系工運特務，如陸京士系工人福利委員會，自由中國工聯，和季源溥的勞工協進會等而鬥爭的；針對國民黨各級黨務幹部而鬥爭的；針對各種所謂反動人民團體及會門而鬥爭的；針對附共各民主黨派，各人民團體而鬥爭的（在這些黨派、團體中建立內線，祕密監視他們的活動。）陳寒波兼任這個小組組長了。

一九五〇年春，陳寒波到情委會工作時，民革、民盟、民建、農工民主黨、人民救國會……等許多尾巴黨在上海的機構，如上海辦事處，滬寧區臨時工作委員會，華東區臨時工作委員會，被中共「欽定」招牌的領袖們，在海上盡情招搖撞騙。中共對於人，是不能絕對信任的，那怕對他們的老婆、兒女，他們的老幹部，一樣是不能絕對信任的。自然絕對不會信任他們打算利用一時的尾巴黨。所以運用統戰部來「統」之「戰」之，還覺得不能百分百掌握他們時，便又用社會部的特工。陳寒波表示：「我們在民盟的高級低級內線這麼多，再加上統戰部的內線，幾乎整個民盟的工作，就我們替它做了。」

民革內線關係雖建立很多，中共還是不放心。因民革幾乎盡是失意的軍閥、官僚和投機政客。後來中共對上海的民革臨工會，從高幹、中下級幹部都逐步用各種方法祕密組織起來，受情委會二工組五小組的領導，要他們經常供給情報。主要如後：（一）民革的組織活動，與上中下各級幹部的個人活動，包括了私生活的一切情況。（二）搜集活動情報。情委會派聯絡員在外面跟他們晤面，收情報分任務。他們對民革組織內的人互相監視，互相告狀，互相攻訐。陳建晨為上海民革臨工會主任委員，她以為陸印泉是她和她丈夫的親信，對他發幾句牢騷是不會傳到中共耳朵的。但陸印泉掉轉屁股就把這些話當情報邀功了。

民主建國會共特內線也多如牛毛，民建中央理事會理事，民建上海分會的常務理事楊拙夫，解放後給二工組五小組吸收了，他不但將上海民建的一切和盤托出，還把黃炎培、江恒源、包達三等一言一行都報告出來。他常往還於北京上海間，到一次北京，便把黃炎培在京生活言談報告一次，細至黃公館一九四九年冬天每天燒了幾多煤。情委會立刻把它報到中央，以顯示黃氏的奢侈。在民建中的反黃派（盛康年父子這一派）中，情委會也培養了一批內線。當華東花紗布公司第二副總經理秦柳方利用其嘍囉和紗布莊、紗廠勾結貪污，經濟保衛單位還未詳悉，情委會已先瞭解了。中共如水銀瀉地一般的特務滲進與特務統制，尾巴黨動彈一下不得。

陳寒波表示，毛澤東思想的工作方法，可以搬盡一切莊嚴、聖潔的辭句來堆砌的，但不過就是這幾個骯髒、污穢的字義：欺騙、利用加上威脅、利誘。中共欺騙他們說：如果他們肯提高一步，更進一步的向人民靠近，忠於共黨的組織，那麼，他們的前途，一定比現在更光明，更遠大。明白的告訴他們，共黨才是他們的大靠山，他們的民革、民盟、民建……遲早總是要消滅的。那麼，他們要得到這大靠山的信任，賞識，就要好好表現立功。表現和立功之道，除了搜集情報外，還要他們暗地裡拆他們民革、民盟、民建……的爛污，做他們自己組織的內奸。情委會看中黨派內哪一個人做內奸，沒人敢拒絕的。因為他們懾於共特機關的淫威，害怕抗命馬上會受到打擊，有的以為憑空有了好靠山。可是關係建立，中共就會天天催著他們要情報。如果，內奸悔不當初或消極、敷衍塞責，中共就會使用威嚇、脅迫。

對於中共恐嚇、脅迫後仍不肯積極效命的內奸，最常用的辦法，就是給予「莫須有」罪名，關起再說了。民促上海臨工會委員的馬學偉，就是因為不接受恐嚇與脅迫積極當內線，以反革命罪被逮捕了。馬學偉吃盡苦頭後，被送到漕河涇集中營去了。

在一個初夏的早晨，楊帆命令陳寒波：「你在上海各民主黨派，人民團體中選拔一些忠誠可靠的，而又與現在北京的各民主黨派第一流領袖如李濟琛、張瀾、黃炎培、馬敘倫、陳銘樞、蔡廷鍇、張治中、邵力子、劉斐等有密切關係的情報幹部，經過考驗可靠的，不論男女，都可將名單開給我，各附詳細自白書一份。你協助二室田主任迅速給予核定，即發給津貼，讓他們自動設法，由他們自己團體中調到北京去——這是中央的命令，你必須絕對保守祕密，迅速完成任務……」後來陳寒波才搞清楚，中共這是為了加強對各民主黨派領袖的監視。

陳寒波只記得有一位劉妙英小姐，十七八歲時曾當過李濟琛的私家女看護，還跟他有過曖昧關係。陳寒波組裡的雲英向劉妙英提出任務時，她馬上接受了。雲英指示她，能夠跟他恢復曖昧關係更好，對工作更有利。劉竟興奮過度落下淚來！雲英對陳寒波說：「像這樣珍貴的工作關係，你應該跟她見見面，鼓勵她一番，更提高她的工作情緒。」後來曾一度充任過任老私人醫生的譚守仁博士也成了內線。北京這一大批新貴，在重重監視封鎖下，又多加了一層內線監視網，他們的一言一動，更難逃避中共的掌握了。

一九五〇年，中共特務頭子楊帆對二工組第五小組夏季工作總結彙報時稱：「某些同志思想上還沒有搞通，他們以為對敵人可以殘酷些，對統一戰線中的同盟者卻可以客氣些，可以不必那麼認真，這是應該受嚴厲批評的。我不得不強調向大家指出：誰能夠本質上以對待敵人的立場和原則來對待同盟者，誰就是最正確的！誰就最值得嘉獎的！」

「我們政治保衛工作者的任務是：用對待敵人的方法，用對待敵人一樣高的政治警覺性，來控制、監視任何的同盟者，防止，不容許他們再變成敵人。如果發現有一絲一毫形跡，他們會變成敵人的可能，便要立刻處理，絕不允許猶疑！如果在同盟者隊伍裡，發現了一個真正的敵人，那麼，便立刻去殲滅他……。」

上海短短的一年多，屬二工組工作範圍的特務或嫌疑分子，被非法逮捕的不下千餘人，被祕密監視或公開管制的不下萬餘人。過去曾當過潘公展秘書，國民黨上海市黨部組織科長的皮松年，因誤信中共的虛偽宣傳，以為做個順民，可以苟全性命於亂世。但不久，皮立刻被地方單位管制，連職業找不到，也不許離開上海。

陳寒波在《今日北平（一九五〇年）》一書中說：「中共的宗派，只能在擁毛、反毛，與面面俱圓的騎牆派這三類中去區分。」這論調在當時可能許多人都是不同意的。但「文化大革命」的爭權奪位，中共黨內的派別是只有「擁毛、反毛、騎牆」三派，再證諸種種事實，你不能不承認這個老資格的中共黨員幹部，對中共內部的人事看法是多麼真實而深刻。

在中共剛取得政權不到一年，當許多人對中共政權寄存著幻想時，陳寒波就指出中共是「新奴隸主義，是專制、野蠻、殘酷，非人性的舊奴隸制度，加上現代化、俄國化、科學化、大規模集中化，高度組織力的剝削、壓迫、監視、管制、奴役、毒害、屠殺的內容。所以，毛澤東的新奴隸主義的政權，是中國歷史上，空前的，而且，也是絕後的，最專制野蠻的政權。」而進一步說：「今後在新奴隸主義的專制野蠻特務化的統治之下，過去的地主、官僚、資產、買辦階級，固然是當然的奴隸，就是統一戰線所要『統一』的民族資產、小資產階級，也是道地的奴隸，工人成為工奴，農人成為農奴，各級中共幹部是毛澤東的奴隸。在新奴隸制度下，任何人沒有絲毫自由，還須接受惡毒化、更科學化、更無人性的殘酷剝削迫害，窮凶極惡的鎮壓屠殺，集體龐大規模的屠殺……因為榨取的方法層出不窮，湧現了無數的失業者，飢餓者……另一方面上層的主人，盡情的享受，淫樂，兩相對照，就不知人間何世了！」

當時有很多人認為陳寒波在《今日北平（一九五〇年）》一書中所寫的中共政權本質，是污衊的，是私人洩憤的，剛獲得政權的毛澤東，絕不會變成這個樣子的「永無休止的鎮壓、搾取、剝削、迫害、屠殺。」但現在事實證明，毛澤東後來的反右、文革等等種種政治運動，顯見在一九五〇年陳寒波的見解，真的是一針見血之論。因此當時陳寒波就對毛澤東的思想路線，下了一個定評：「毛澤東不僅是李自成的思想路線，而其一切已超過李自成當日了。」可說是相當深刻的認識！

陳寒波的《反共宣傳與文藝運動》是一本見解超卓的反共理論著作，是憑他在中共黨內十多年的工作經驗累積而成的。中共的宣傳，對外是盡力滲透、分化、挑撥、拉攏、造謠、欺騙；對內是絕對控制、封鎖、注入、轉移。但無論對內對外，中共的宣傳特點有一個絕對的原則，便是「一致」。目標一致，步調一致，言論一致；那怕是顛倒黑白，歪曲是非，指鹿為馬，說謊造謠，都是一致的。中共採用這一套手法分化了國民黨，孤立了國民政府，吸收了知識分子與青年，造成國民黨的潰敗，而成功地奪取政權。因此陳寒波主張反共理論，必須是一致性的，他反對多樣性的。他說：「反共理論的多樣性，決定了反共宣傳戰略與策略的多樣性，因而形成了反共宣傳戰線上步驟的混亂，觀念經常互相抵觸；努力相互抵消；效率相互削弱，造成了反共宣傳鬥爭的技巧上難以克服的許多困難；再加上若干宣傳機構本身的商業本能，圖利企圖，更降低了反共宣傳的作用。」因此他主張：「事實告訴我們，分歧是有害的。以分歧的力量來對抗集中的敵人，也顯然是不利的。」真可說是一針見血的真知灼見。

陳寒波的三本著作，因彼此相互關連，今重印將之合為一本。其中第一至六章為《我怎樣當著毛澤東的特務》，第七章至十六章為《今日北平》，第十七章至第二十一章為《反共宣傳與文藝運動》。另附上其妻葉美珍的〈祭夫文〉，讀之將會對其人有深一層的瞭解。

目次

【導讀】揭露毛澤東內幕而慘遭暗殺的陳寒波／蔡登山……3
一、毛澤東——特務的製造者……15
二、共特總部——中共中央社會部……21
三、海上地獄之一——福開森路六十七號……27
四、海上地獄之二——愚園路青白小學……47
五、華東情報樞紐——善鐘路二百三十七號……63
六、華東共特製造所——愚園路×弄三十一號……85
七、在黯淡的歲月裡……99
八、特務化的招待制度……101
九、閻王進京的重演……107
十、中共統戰部……113

十一、關於農民黨與民社黨革新派問題……119
十二、失業狂潮淹沒了北平……123
十三、從宗派主義說到陳紹禹和李立三……131
十四、寂寞的人和熱鬧的人的速寫……141
十五、從王艮仲事件說起……151
十六、一幅新奴隸主義社會的畫圖……155
十七、反共宣傳鬥爭與反共文藝運動……175
十八、論反共的現實主義與戰鬥的英雄主義……191
十九、泛論紀實報導典型創作問題兼評「偽員的苦難」……201
二十、論朗誦詩歌的創作與反共詩歌朗誦運動……217
二十一、加强反共筆部隊的陣容，為自由作者大團結而鬥爭！……229
跋：這不過是一個開始……233
附錄：祭夫文／葉美珍……235

一、毛澤東——特務的製造者

「我怎樣當了日本的間諜」——這是范士白在擺脫了日本特務機關的控制後，向全世界發出的控訴，而范士白墮進日本特務機關的陷阱，開始還是自願的，而「我怎樣當了毛澤東的特務」？說來卻是在半嚇半騙下被迫成的。現在，我既然也擺脫了毛澤東特務機關的控制，難道我不應該向全世界來控訴毛澤東特務機關的滔天罪惡嗎？

我從小酷愛文藝，美術，尤其愛好詩歌和戲劇，我所以在少年時代便參加了中國共產黨，完全是因為愛好文藝，美術，因而，參加了左翼文運團體，跟隱蔽在團體內的共黨「文特」，「藝特」結了不解緣，致在不知不覺中投進了共黨的組織。那曉得參加組織後不久，便在組織命令下被迫放棄了自己所喜愛的東西，而擔任了勾心鬥角的組織工作、和其他許多的冒險活動，精神上，十幾年來都沉浸在矛盾痛苦中。而自一九四九年後，這種內在的矛盾的痛苦，更發展到了最高峰。

「詩人的夢兒又破碎了！」

當我在被迫環境下與組織斷了關係一年多後，在一九四八年夏，我的愛人紫清先潛赴石家莊，運用她在抗大時與江青親密相處的私誼，試探毛澤東能否使我們免於受組織的嚴重的追究和處分，能否幫助我倆恢復組織關係，後來，毛及有關部門，把我倆在上海的「監獄鬥爭」和「反管制鬥爭」的經過報告審核過，並經調查證實後，總算沒有使我倆完全失望，總算答應了她，可以給我倆恢復組織關係而免予處分。但對於我爾後的工作問題，卻說必須待我親自回到組織報到後才能決定，一九四八年冬她方能潛回上海，所以我直到一九四九年春才回到黨中央去——但這時已不是走向石家莊，而是走向北平了。

我到了北平後，除了拜訪黨中央負責組織工作的安子文和負責文運工作的周揚外，毛澤東和江青也於一個晚上，約了我倆前去，照例唱套黨八股來批評了我幾句後，就半嚇半騙的來給我決定了工作方向：「根據你最近這一階段的經歷，決定了你今後應參加黨的政治保衛工作，你必須放棄要求重過寫作生活，像你這樣曾擔任過省委工作的幹部，經過這短短的痛苦生活刺激便要求過清靜的生活，便浮起你那已褪色的『詩人的夢』，是不應該的，在這革命雖然取得基本勝利，但更繁重的任務正等待我們去大力完成的今天，你這種觀念是應該受批評的，你要到社會部去詳細洽商工作問題，你要明白，政治保衛工作是最光榮的。」

當我倆在夜色朦朧中去出了中南海的大門，想起到達北平這一兩個星期來，和過去一批文運同志的往還，尤共是跟詩人艾青、柯仲平等談起的創作計畫，日夜自描自繪的今後在文藝園地中栽培出芬芳的花朵的幻圖，蘊藏在心深處，渴望了多時的，重過許多年前的充滿了興趣和美感的文藝工作者生活的夢兒完全粉碎了。

「我現在對組織工作和任何行政工作都不感興趣了，毛主席要強迫我幹特務工作怎能提得起勁來」！

我倆回到西單的黨內同志的招待所，我感到了異常的失望，跟紫清研商通宵，最後，我還是決定再找有關的同志們積極進行活動，請求他們給我協助，向老毛反映，表示我重反文運工作部門的適當，希望他給我變更決定，我接二連三地找周揚，寫信給在東北的丁玲，連黨外的與我個人有點淵源的文藝界巨頭沈雁冰，我也誠懇地拜託了，但結果，幾天後我還是接到社會部約談的通知。

「我要抗議，別人可以接受他『迫良為特』的一套，我卻不能接受！」

我接到社會部的通知後，怒不可遏地向紫清這樣囉唆著，但我們怎樣才敢向他抗議呢？輾轉思維，唯有先裝病來拖延時間，等待有關方面的充分反映，尤其促紫清再向江青求情，希望能把既定的決定改變。

但拖延了幾天後，過去的青年詩人，跟我一塊辦過詩歌雜誌，現在卻當了中共的二流特務頭子，身為中共中央社會部主任秘書，後來還當了情報總署辦公廳主任的戈茅，卻突然到招待所來訪問我。

「噢，多年不見了，你還寫詩嗎？」我和他熱烈地握著手，我還用從前一樣的口吻對著他。

「緊張而險惡的工作，腦筋僵化了，『煙士披里純』那裡會湧出來呢？」他摸摸腦袋，微笑著。

「可是，我現在卻打算避開這些緊張而險惡的工作，再站回文藝戰線上為革命而寫作，我正計畫著，要把這十幾年來多方面的鬥爭經歷，對現實的深切的體驗，反映在文藝作品上，尤其是形象化地刻畫在戲劇上，歌唱在詩篇裡，我要返回少年時代詩人的夢境裡，你能幫助我達到這目的麼？」

「恐怕組織不能同意你吧？」他的臉沉下來了。

「但是，我必須用盡一切努力來達到這目的！」

「你知道，關於決定你的工作問題，毛主席給社會部的指示是怎樣的麼？」他嚴肅地停頓一下「陳同志！毛主席要社會部從工作中去考驗你，假如你經不起考驗的話，你會招到不少的麻煩呢，我跟你是少年訂交的老同志，公情私誼，比跟別人都厚，可是，我看到了關於你被捕後各方面所有對於你的報告，我一直在為你而感到頭痛，你知道麼？有人報告你動搖，有人報告你不能堅持『監獄鬥爭』，不能堅持『反管制鬥爭』的原則，而華東局社會部，還乾脆地咬定你，你已經……」

「我已經怎麼樣？」我睜大了眼睛。

「我們是老同志，是無話不談的」，他難為情地握握我的手。「楊帆同志根據各方面的報導，判斷你已向敵人投降了，他後來對你的每一項報告，都稱你做叛徒了，而部長當然也以你為叛徒而登記著，所以，當我知道你來到北平後，我還不便以私人資格拜訪你——雖然我在部裡為你不知費了多少唇舌解釋，憑我個人對你過去的深切的瞭解，和一兩年來我個人所收到對於你有利的，但非正式的許多報告，向李部長、鄒秘書長提出了不少說明你沒有真正變節的可能的理由，我這些意見，都曾附上關於你的問題的卷宗的副本，在紫清同志抵達石家莊時，送過組織部去了，現在，我是奉了部長命令，以處理公事的方式來慰問你的病和跟你談問題的。」

「你現在可以告訴我，社會部對於我的工作問題打算怎樣處理麼？」我沉鬱地問他。

「根據部長的簡略指示，和我的瞭解，可能很快派你回華東局社會部去工作，因為你在上海曾受敵人特務機關管制過，敵人曾委派你不大不小的職銜，你在上海有著相當優越的工作條件，因而，你要求變更工作方式，要求重返少年時代的詩人的夢境裡，是不可能的，變更工作地區也是不可能的，假如你勉強堅持，可能還引起他人對你的誤會，希望你今後好好的表現一下，不要辜負了毛主席給你這個考驗的機會，希望你三天內能到部裡去會見李部長。」

「不過，戈茅同志，有一點你是必須瞭解的」，我莊重地說「敵人委派過我職銜是不錯的，但既非我請求，也非我願意承受，我也未曾為敵人真出過一分力，在暴力管制下，他要委派我甚麼，我都無法拒絕，難道，這也算是我的罪過嗎？我現在請求你再告訴我——以私人友誼資格提示我，假如我堅決不接受參加社會部工作的決定，組織可能怎樣處理我呢？可能招到甚麼麻煩呢？」

「這個、這個……」他為難地搖搖頭「你要守著祕密才行。」

「當然！我的守口如瓶的性格你還不瞭解麼？」我的態度更莊重了，「據我們悠久的友誼，你該給我以忠實的提示！」

「實在告訴你」，他低聲的說，「前幾天你託病不到社會部洽談，李部長曾跟毛主席洽商過，毛主席已口頭交代下，如果你經不起社會部的工作考驗，那麼，就照著處理不穩分子的方式來管制你，必要時，就嚴厲的處分你，陳同志，這是祕密，你不能叫紫清同志在毛夫人面前說出來，同時，我還可以告訴你，這種決定，你再請毛夫人及周揚同志設法改變都是徒勞的，請劉少奇同志設法改變也是徒勞的，難道，你還不明白，黨早就決定過，毛主席早就指示過，凡是給敵人逮捕過的同志，都要交給社會部處理麼，都要幹情報工作麼？雖然偶爾也有例外，但例外是很少而且是很特殊的。」

「但是，特務頭子！」我在過分痛苦的震動中強作笑顏，像多年前一樣，戲拍幾下他的肩膀，「我提起情報工作便頭痛，你看怎麼辦呢？」

「頭痛也沒辦法呀，我從前不也是一樣麼？不幹《新華日報》副刊編輯而幹起情報工作來，打碎了詩人的夢，幹起這一套緊張而艱險的工作，多麼不習慣，但是，時間久了，就覺得習慣而愉快了，慢慢地，興趣還特別濃厚起來了，我現在竟然覺得寫詩真是有點無聊。卻覺得恰如毛主席所說「政治保衛工作是最光榮的！」毛主席是最重視政治保衛工作的，他是全心全力來培養『保衛幹部』的——他是我黨的保衛工作的創造者啊，他是我黨的保衛工作的祖師啊，你好好休養一下，三天內到部裡面來，澈底解決你的工作問題！」

他越說越興奮，最後又像過去跟我談詩談畫時一樣，親切地拍著我肩膀，熱情奔瀉地鼓舞著我。我最後也覺得「形勢比人還強」，只好又把自己的興趣和理想，輕輕的擱在一邊，黯然接受他的勸告了。

「好吧，後天上午十時我到部裡去，請你們指示一切。」

當我放走戈茅後，和紫清呆對了半天，她才慢吞吞地歎息道「毛主席就是一個特務的製造者，就是特務的祖師，就是特務魔王！」

二、共特總部——中共中央社會部

兩天後，我雖然依照約好的時間到社會部接洽，但傲慢驕橫，目中除了毛澤東、劉少奇，便任何人也不瞧在眼內的殺人魔王李克農，卻交給秘書長鄒大鵬處理，跟鄒經過一次談話後，還是交回老友戈茅手裡，這雖然使我當時感到一陣受冷落的痛苦，但事後想起來，倒使我覺得這也是幸運，因為共黨雖然標榜不講私情，但人類畢竟是感情的動物，每個共產黨員，哪怕是一個老牌特務，在處理問題時，有時也免不了受一點感情作用的影響，假如有特殊關係——戚族關係或經濟上勾結的關係，那麼，因私徇情，超越原則，違反政策來解決問題的事例，正不勝枚舉，當時對於我，上面交下由戈茅給我倆解決問題的原則，是連紫清也要參加特務機關工作的，經我倆通過戈茅一再請求，才獲得李克農批准，讓紫清自由自在地參加了藝術部門工作，而在我的工作方面，由弋茅根據「老黨幹，新情幹」的原則，給我簽派了一個用不著吃苦頭的崗位，雖然是沒有實際工作，又沒有實際權力，但從名義上看，還可算是一個不大不小的職位，這就是在中央本部第八室第三處第三綜合業務研究組擔任副組長。

第八室（研究室）第三處，這種業務研究組，是根據學習與工作的一致的原則來完成研究室的一部分任務的。每組有組員數十人，研究組下還分若干小組，小組組長副組長是用民主選舉方式產生的，組員中的大部分都像我一樣，曾經敵人的逮捕，管制，甚至參加過敵人特務機關的工作，後來又跟組織接上關係，或者獲得組織的保證，「寬大」，准予「立功贖罪」後又逃回共區的老黨幹，不過，黨齡較長，脫黨時間較短的，獲派充研究組的正副組長可能性較多，每天時間，學習與工作，各分去一半，除了政治學習外，主要還是情報工作的業務學習，通過小組討論方式來解決各種學習的問題，如有不能解決的問題，第一步是請各組的指導員解決，指導員都是社會部的老牌共特，是黨的老戰士，是精通革命理論與情報業務的輔導長。假如他（她）也不能解決問題時，第二步只有向研究室請求解決，所謂工作，也不過是加強研究問題，當實際工作部門，把新發見的業務上和技術上的問題向研究室提出時，如果是綜合性的一般性的問題，照例分發到這種組上來，如果是專門性的高深的問題，則交到「專業研究組」去，組上接到問題時，盡速作全組的思想動員和經驗動員，盡力進行討論，實習，研究，這樣運用「三個皮鞋匠當得一個諸葛亮」的群眾路線，不可否認的是常常給實際工作部門貢獻出很寶貴的意見的，雖然有時候可取的貢獻很少，甚至實際工作部門對所提意見，覺得一無足取，可是，通過了熱烈的討論、實習、研究，對該組人員的教育作用是存在的，是不會缺少的。「怎樣加強對城市反動分子的管制技巧？」這是一般性的問題，正當中共面臨著接收全國大城市之際，正當中共由熟練的管制農村的技巧轉到對城市的生疏的管制技巧，這一課題，曾在綜合組中，展開過熱烈的討論，一大群在軍統，中統生活過的人，都給組織提供了很寶貴的意見。「怎樣補救透視回光燈檢查郵件的缺點？」這是專業性的問題，沒有對透視回光燈的科學知識的人，是無從參加這問題的研究和討論的。

「綜合組」的研究和工作的對象，包括了情報、行動、偵察、通訊、管制、審訊等等許多業務，組內人員的特長，也都是參差不齊，有擅長於綁票式的逮捕工作，有擅長於國際情報的判斷，有擅長於騙口供的審訊，所以轄下各小組都是以興趣和特長來編組的，但程度，多只能解決一般性的問題。至「專業組」，則是專門性的，大約參加「綜合組」一個時間而不轉到實際工作部門的人，如果他（她）有一項專長，是可能調到相適應的「專業研究組」去的。譬如你是一個祕密通訊專家，對各種祕密通訊都很有研究，那麼，你便可能被調到通訊業務組去，假如你對於搜集和判斷美國情報有經驗和把握，那麼，你便可能被調到國際情報研究部門去。這些專業研究組，不但在研究與工作過程中，加強培養了不少專業情報幹部，而且，也常常給解決了不少專門性質問題，對加強業務和技術上，都有不少新的創造。在我的「綜合組」中，雖然只有四十多人，分成七個小組，但人才方面，卻已包羅萬象，各式各樣的都有。女同志也有十多個，有幾位的特長，可以說只是善於出賣色相，此外別無所長，但有一位姓褚的女同志，卻是醫學院出身的，日汪時期，曾奉命滲進日本特務機關，受過特殊藥品的配製和使用的訓練，所謂特殊藥品是指一些供特務工作使用的痳醉藥、毒藥，甚至慢性殺人藥劑，惡性細菌，但後來竟立場不穩，感情軟弱，沒有獲得組織同意竟與一個日本特務結了婚，組織就把她開除了，幾年來，她倆夫婦卻參加了日共的工作，不久前她才由日共轉送回中國，曾受過短期處分。又經過地方工作的考驗，才隨我之後到來的，很快地也調到藥品專業研究組去了。

中共中央社會都是一個像毛澤東的位處一般神祕而機密的機構，並不像國民黨的軍統，中統般那樣「公開的祕密」地存在於南京的市區裡，它在中南海有個辦事處，但主要的工作，卻是辦了一部分祕書、聯絡、交際的業務，和便利特務頭子們接見客人的地方，業務的重心在郊外，冷泉辦事處是其中之一，而城內弓弦胡同也有著它的一部分的主要業務，而我所曾到過的也只是中南海，冷泉和弓弦胡同。至於北平市的公安部（行政部門名稱）業務，則是華北局社會部掌理的，它散在北平市內外的機構，也恰如星羅棋佈一般多。

進出於中共中央的特務機關，就好像進出於鬼門關一樣困難，一般的幹部，都需要持著出入證才能進出，否則，衛兵便把你當犯人般擋起來，而發出入證是由每個獨立辦事處的最高負責人決定的。我在冷泉過了幾個月幽禁般的生活，正遇到上海解放，奉命南下參加華東局社會部工作時，戈茅卻給我簽呈上峰，請留我在中央工作，而把我帶到「弓弦胡同十五號」去，可惜經過一再請求，李克農還是不肯批准，而且，還對戈茅說：「既然華東已來電催他去，還是命令他迅速南下，照著毛主席的原則，他的可靠性是必須在上海的肅反鬥爭中，才能確實的考驗出來的！」

這時正是共軍渡過長江，國民黨軍望風披靡的時候，特務魔王毛澤東，一邊奉了俄帝主子的命令，一邊感到全面勝利已到來，今後他的特務機關鬥爭的主要對象，將由國民黨而變換到以所謂美帝國主義為首的帝國主義陣營了。過去中共中央社會部的情報業務，是國內情報重過國際情報的。在共區內是著重肅清一切所謂反革命殘餘勢力，鎮壓國民黨及其他所謂反動派的潛伏活動，以鞏固它的專制政權。在國民黨統治區，是著重盜取國民黨的黨政軍機密，進行文化瓦解，擾亂破壞，直至整個的推翻了國民黨政府的統治。這兩方面的業務跟國際情報方面的業務比重，是有天淵之別的，從前，除了獲得莫斯科共產國際情報機構的供給和指示外，由中共本身建立和領導的在國外的情報網，是微乎其微的，充其量，也不過在中國境內和鄰區的香港有過一點點基礎，主要的工作還是在共區內，對於所謂帝國主義陣營如英美法等國可能殘留在共區的情報機構和人員，中共中央社會部是要盡力搜索的，為了達到搜索的目的，為了達到徹底肅清共區內帝國主義潛伏間諜的目的，社會部是要在外國駐華情報機構裡培養內線的，是要史無前例地嚴厲的管制所謂帝國主義國家在華的僑民的，非經共特機關核准，任何外僑是不能離開共區的。可是，當形勢急劇轉變下，毛魔王便命令社會部空前擴大國際情報業務，當時，名義上由鄒大鵬負責，實際上由戈茅、晉鞏主理籌備，從各方面調集了一大批國際情報幹部，集中在弓弦胡同，組織成一支強大的國際情報隊伍。我那一組中有一個丘青華，是有著八年黨齡的幹部，曾在美軍中當過翻譯，又有一名青年翁大年，是我的粵籍小同鄉，祖父、父親都是美國華僑，他是美國土生，取得美國國籍的，抗戰末期回國，奔赴延安，也有多年的黨齡了，抗戰勝利後曾在粵被捕，被管制過，北平解放後，奔回黨的老家，他的家庭的大部分，現在還在美國，他若回美國去活動是有著很大的便利的。而我，是生長在美國華僑的故鄉的，父兄和親戚故舊在美的很多，又因我的黨齡長，戈茅覺得我的戰鬥經驗的運用是比較豐富的，我掌握政策是可能較為正確的，給他的幫助是可能較大的，這也是他把我連同丘、翁二人都想調過弓弦胡同的原因。但因李克農對我留中央的反對，我只好於一九四九年七月初回到了上海，那時，上海已解放一個多月了。

現在北平弓弦胡同十五號，已經事實上成為遠東共產集團的國際情報樞紐了，它的情報觸角，現在正伸入東京、巴黎、倫敦、華盛頓，正伸入所謂帝國主義陣營中的每個角落裡，尤其是對於美國，一群群的中共特務，正以各種不同的身分和形式滲進了美國的各階層，而戈茅現在也變成了這個國際間諜機構的二號頭子了。

三、海上地獄之一——福開森路六十七號

當我決定必須南下上海時，戈茅給我簽派充華東局社會部的設計委員，還是一名高級閒曹，但假如不是通過這位老友手裡解決問題，恐怕連這虛位也不可得，我臨行時他告誡我，華東楊帆對我不大好，而且，部裡給楊的命令是要他領導我作長期的工作考驗的，要我站穩組織立場勤謹工作，不要給他有找麻煩的空隙，最好立幾個大功，俾便利他設法把我調回中央，我當時對這位老友的話，真是百感交集，大約楊帆因為他先前誣控過我，始終懷著心病吧，一個真正的革命者，是不會這樣的。

到達上海後分別拜訪過負實際責任的楊帆，和老前輩李士英，和他們談過幾次話，覺得李氏還算剛直，而楊氏的言談，神態充分顯示出是一個典型的險惡的陰謀家，怪不得他以善於向中央社會部獻媚，善於拍陳毅、饒漱石的馬屁，善於任用私人，拉攏幹部，致後來者居上，使李氏大權旁落，楊氏由副部長而實際當了部長——多少年前，華東的幹部都以「楊部長」稱呼他了。他見到我，表面上雖表示得很好，但由於戈茅的警告，我是存著十二分戒心的。

「楊部長，我的缺點太多了，希望你以後能夠給我多多的批評和指導」我鞠躬如也地說。

「老同志不必客氣，有問題人家互相批評！」他裝著微笑地說「不過，接收大城市後，我們的責任更重了，工作上繁難了，假如我們稍有疏忽，便不能如期完成任務——，因而，中央決定了以城市領導農

村的政策，陳毅同志親自兼任上海市長，饒漱石同志也親兼上海市政府的政治委員，我們華東局社會部的同志，除了繼續領導全華東區的保衛工作外，還要本部的全班人馬，大力搞好上海市公安部的工作，肅清反革命殘餘，建立起我們大上海的政治保衛，經濟保衛，武裝保衛的堅強的工作基礎，在華東起著模範作用、帶頭作用，使我們華東區能如期完成保衛工作的任務！」

他隨手在辦公桌上拈了一張圖表，摺了一邊，指著對我說：「陳同志，這些反動特務系統，以你在上海的經歷，總會有深刻的瞭解的，我打算決定請你協助王寧同志，對這些特務系統的被捕分子進行審訊工作，你覺得怎樣？」

「我很高興，我希望能勝利的完成一切審訊、說服的任務。」但我又笑著向他請示「那麼，我是否就永遠離開設委會？」

「也不是！」他像有點不高興地板起臉來「不過，設委會工作比較清閒，我必須根據現實需要，臨時請你參加迫切需要幹部的適當工作去，待一定階段的任務完成了，你自然是回到設委會去的。現在，我們在上海關起的匪特——連同各省區解來的重要分子，不下數千人，參加審訊，說服工作的同志，雖然不斷的參加，還是應付不了，上海解放一個多月了，有些犯人一解放便被關起來，到現在還有人未曾經過一次審訊的。所以，希望你能努力的去參加這項工作，使審訊，說服工作加強起來。」

他把話說完後，我自然只有連聲稱是。從這時起，我便搬進了六十七號，參加審訊說服的工作。

在日汪統治時代，上海極司非爾路七十六號，成了著名的恐怖窟，今天，在俄毛統治時代，上海福開森路六十七號，恰是當年恐怖窟的倒數，也成了今天上海祕密的恐怖窟。它是華東局社會部審訊委員會說服工作組之一的辦公地點，不過，這座花園洋房，是不大寬闊的，它不過是從前國民黨中統局局長葉秀峰的公館。除了住上一部分審訊人員外，三樓、樓下和後座的大部分都用來關犯人，其中有幾個關人的單人房，依然像過去的葉公館一樣，彈璜床，梳化椅，舒服的設備，原裝不動。住在三樓的連房門也不關，任由犯人進出，只是「請不要下二樓」，你到衛生間解手、洗澡都可悉聽尊便，不必事先報告，樓梯口坐著的衛兵，只在夜間稍微注意一點，白天是很馬虎的。三樓一共有四個房間，兩個住犯人，兩個給幹部住和辦公用，後座的小房間也用著關個別犯人。樓下一個大房間才用來集體關犯人，一般來說，三樓的犯人是最優待的，但有時候也是最危險的，最容易喪命的，在自由的人看起來，「六十七」號的犯人，關在樓下的是最苦的了，可是，身在樓下囚室中的人們、為了眼睛和耳朵都被封閉起來，他們根本不知道三樓和後座的難友們怎樣生活，而他們雖一大群睡在地板上，進出須受衛兵監視，只是每星期給在花園放風一二次，但「同志」們卻可以騙他們：「你們是最優待的了，還不趕快坦白？」

三樓的幹部住房，原先住著王大超和張××（張君最近在整風中脫離毛派，逃往自由之地，動極思靜，欲過隱士生活，故暫緩披露），後我因工作便利，特由二樓搬上三樓，與張君同住一室，王大超是一個卓越的地下工作人才，由一九四一年便獲得中共中央社會部的批准，利用社會關係滲入國民黨特務機關，抗戰勝利後已當到中級幹部，破壞國民黨反共祕密鬥爭活動最厲害的，要算他擔任中統局上海辦事處行動大隊長的時候了。要逮捕共黨地下人員的名單，只要交到他手上，他便設法使名單中的重要分子脫逃，只要捉些不大重要的角色來交卸責任便算了，他後來又當了該局京滬督導，直至江南解放，他還沒有出過毛病，竟能安穩地等待楊帆等到來，協助接收。不過，因為他跟楊帆只有平淡的組織關係，沒有絲毫的私人關係，更談不上有什麼感情，所以，地下功臣的他，並沒有得到楊帆任何的厚待和重用，只不過當了一名可憐的副科長，跟我一樣是王寧身邊一個無權的助手。而王寧呢，黨齡雖不長，年紀他輕，能力更比他弱，可是，因為王寧是楊帆由山東帶來的嫡系幹部，私人關係根深，就可以對他寄予心腹了。在「六十七號」這個工作組裡，臨時調到協助他的人就有數十名，大小幹部都有，表面上是說臨時工作，事實上是移給王寧來領導工作，像王大超和我這一流人，心裡都是感到非常不舒服的。

在上海逮捕到的所謂「匪特」分子，掌理初審的地方有幾個，但最重要的還是這一個了。凡是移到這裡的案件，都可能是由開始到終結也由它掌握著的，所謂終結，是指犯人的被釋放，判徒刑，祕密處決或公開處決。公開判徒刑或處死開始假公安局之名義審判，後來人民法院成立，工作開展後，便由這個祕密機構擬好一份審判某犯人的意見書，如根據怎樣的罪行，擬請法院判決怎樣的刑罰等。法院便依照著這意見書判幾多年徒刑或死刑，審判員絕對不會推翻這原則。所以，表面上某某人是人民法院判他（她）徒刑或死刑，事實上他（她）早經這種祕密機構判決了，不過為了向「匪特」們，尤其是向市民們進行神經戰，才把那些已經全案破獲，再無隱秘必要的案件，借法院這種所謂合法機構公開出來而已。

有人說，共產黨的成功秘訣，第一在「騙」，這一點確是不錯的。在宣傳工作方面，在群眾工作方面，甚至在行政工作方面，人們早已有目共睹了，只有在特務工作方面，非經辦過的或經受過的人，是不能深刻感受到的，可惜經受過的人，一經被騙上當，被捕後照實坦白出來，全部罪行，被指為「直認不諱」，那麼，毫無疑問的，在所謂「政府可以寬大，但人民要求懲辦不能拒絕」的藉口下，只好引頸就戮，或被打進十八層地獄，不能再見人世了。所以，我覺得詳細地把這種「騙」的技巧描寫一下，是很有意義的。「六十七」號的特點，是在「騙」的技巧上要耍得花樣百出，「罵」和「刑」這裡是禁止使用的，假如有一個幸運的被捕者，能夠在六十七號便解決了問題，便恢復了自由，他是可能會把共產黨對「囚犯」的優待，永遠讚揚著的。可惜沒有一個人能夠在這裡解決自由的問題，除非由這些優待室直接提到刑場去解決了他（她）生死的問題。

我曾協助過同室居住的張君，辦理過浦東奉賢地主葛尚材窩藏匪特的案件。老葛年才卅多歲，抗戰時期因激於義憤，參加了對日汪特務的鬥爭工作，因而，也就曾側身於國民黨特務機關，CC的和軍統的都搞過，他原業是藥劑師，因而，他過去，是曾以配製為特務工作用的毒藥和麻醉藥為中心工作的，可是，他在抗戰勝利後，據他自供，是完全因為對國民黨感到失望，尤其是對國民黨特務機關感到失望才悄然停止了工作，再靠他的醫藥技能去謀生了。可是，當上海解放後，在短短的一二個月裡，共黨的喪失人性的措施，又像日本人一樣，把他激惱了，他拒絕到公安局去登記，他要隱匿到奉賢鄉中。恰巧這時他遇見了一些過去的老上司，和一般的老同寅，他們也為共黨的暴政所激反了，有的也曾去登記過，知道上當後，還要在被嚴密的管制中冒險脫逃，置家小於不顧。有些根本沒有去登過記的，便跟社會部的特務們展開捉迷藏般的戰鬥，由零星的戰鬥，慢慢的便發展成一個小集團的戰鬥，而這些人雖然都曾在國民黨特務機關裡逗留過，但很多早就斷了關係了。有的根本就好像葛尚材一樣，跟國特機關斷了關係三五年，甚至十年八年了，起碼，也會是當國民黨撤退臺灣時，有一些人上了共黨「寬大」宣傳的當。同時，又對國民黨感到過份的失望，就決定跟他斷絕關係，打算待共黨到來時，「重新做人」。也許有些人還夢想得個立功者「賞」，那曉得共黨到來後，所做的跟宣傳上的一套，完全相反，寬大就等於殘酷，去登記的人，多數當天是可以回家的，但經過嚴厲管制，經過「立功不能贖罪」後，便跟著失蹤了。假如這位失蹤者，不是祕密被處決，而是要公開懲辦的話，那麼，報上登出來的罪名，卻是罪該萬死的「偽裝自首」。這樣，從共黨迫害中興起的反共怒潮，馬上與葛尚材的反共情緒結合起來，不過，他還算謹慎，他還不肯參加到實際反共行動裡去，只是，當他遭遇到一個也是姓葛的老上司，和姓符的老同事，在共特的搜捕下乞求借他鄉間的農莊躲避一下時，他毫不遲疑的接受了，而且，把老葛和老符親陪到鄉間，好好的掩蔽起來。

共產黨人並沒有什麼了不起的過人之處，更不會有三頭六臂的廣大神通，不過，它確有它的特長，這特長是它的高度的組織制度和訓練制度。在腐朽的國民黨，是有組織的形式，沒有組織的內容的，是有訓練之名，而無訓練之實的。但在共產黨，不管它的組織工作是怎樣的充滿了專制、強迫，不管它的訓練工作是怎樣的充滿了欺騙、蒙蔽，但無可否認的，是一種科學性的實事求事的精神，充溢在組織與訓練的業務間。因而，各種性質的組訓工作——文運、青運、婦運、工運、農運等種種部門中，顯示在鬥爭的考驗中，是不斷的奔向進步、堅強、嚴密，成長為一種驚人的力量，而在腐朽的集團，卻是不斷的暴露著倒退、腐化、鬆懈、脆弱。現在，葛尚材等人，便遭遇到共黨這種一般性的組訓力量的致命的打擊——當這兩位被搜索追捕的對象，在一個黑夜裡僭進他的農莊躲藏起來時，馬上便給農會的爪牙所發覺了，雖然他們進村來沒有出過門，老是躲在房間裡，但他在鄉間的家庭很簡單，男子只有他一人，其餘便是妻兒。村人知道他在抗戰時曾幹過特務工作的除了嫡親叔侄外，別的幾乎沒有，共黨當時統治不久，還未能達到發動嫡親鬥爭的階段，而他為人沉著，不誇張，不胡鬧，抗戰勝利後與友人在滬合資開一小藥店，村人多只知他是個藥劑師，回到村中，還可以治點小病的「大夫」。不過，他的地主身分，在村中是無法隱形的，而根據共黨理論，地主階級因為他的利益關係，解放後都可能與反革命分子繼續勾結，企圖作垂死的掙扎。因而，成立不久的村農會，除了對他展開一連串的經濟攻勢，如徵糧、獻糧等外，對他這個家庭，是經常加以偵查、監視的，雖然他在夜裡，帶著他們兩人，不敢由村大門入村，轉從村背突破竹林鑽進村裡，走進家門，半夜裡的犬吠聲，驚醒了村內「聞聽隊」的注意力，特務到他這座房屋邊來——因為農會組織了一批貧雇農專做輪流偵查，監視村內地主，富農及可疑的人家的工作，除了民兵兼任和青壯男子擔任外，有些貧雇農老幼及婦女都被組織起來，參加這種偵察監視的工作，日夜輪班，到處跟查，偷聽，半夜三更，常貼耳於人家的門縫屋角，偷聽屋內的談話，甚至夫婦床頭細語，亦被一一轉報去，故俗稱「聞聽隊」。在這一剎那，葛尚材屋裡有幾個男人的談話聲，便被「聞聽隊」聽得清清楚楚。雖然他警覺很高，話不多說便安排睡覺，但第二天，農會長便查問他：「昨夜幾時回來？由那個村門入村，為甚麼他們的民兵，巡邏沒碰見？有沒有帶客來村投宿？」他存心不報這兩個外鄉友留住村內，因為報出去，可能惹出更大麻煩，所以，他推說昨晚村閘未關便進村了，是由東門進的，湊巧沒有碰上巡邏民兵，只有自己一個人回來。但農會長「唔」的一聲：我待你很客氣，你「要坦白才好」。

於是村農會便立刻將葛尚材的情況反映到鄉區政府去，一面加強嚴密偵查。深夜裡，他聽著屋外的腳步聲，他的心兒便在胸中跳上跳下，他擔心著，一旦來搜屋怎麼辦？第三夜，他便跟一個家道中落已久，被認為中農成分的堂侄子商妥，夜間把這兩個朋友接過他家裡去躲藏，事先佈置好反釘梢的守望工作，才提心吊膽的轉移了躲藏地點，並留函囑他侄子再在一兩天內，把他們轉送到一個親戚的漁船上，他準備三四天內再潛回上海。但在第五夜，區政府已派了幹部祕密到村上，在農會開了半夜的會，就帶了一批民兵和農會長，把他的屋子包圍起來，破門進去，搜查了通宵，雖然人找不到，但發覺屋角穢黑的閣樓上，原是結滿了蜘蛛網，卻露著曾鋪過被席，印著唾沫的痕跡，一部分蜘蛛網被挑掉了，這就說明，這地方是曾給人睡過覺的。雖然當時他矢口否認，他太太也沉著過人，嚇不出口供，一歲的小孩子又不會說話，他還是被押到了區政府去，太太受農會管制著。他堂侄子聽到消息，也就躲在漁船上，不敢回來。他們相信葛尚材不會說出來，在漁船中總是安全的，他在區政府審了一頓，不得要領，當天被解到縣公安局裡去。

縣公安局是跟上海公安部每天有情報往還的，縣公安局剛接到公安部這樣的情報：「滬市金陵東路百寧藥局股東葛尚材，平日交友複雜，行蹤詭秘，正予祕密監視偵查，突於數日前離店，據店夥言與朋友二人回奉賢縣橋亭村故鄉，應即嚴密監視其行蹤，並隨時具報。」這一個情報，剛剛與農會，區政府的報告情況配合，於是，就酷刑拷打了一頓，但頑強的他，不但對留宿朋友事守口如瓶，而且，對身世自白，也把反動經歷隱蔽得一乾二淨，滬方就命奉賢縣把他解到了「六十七號」來。

他被解到三樓，我和張王等正在開飯，王寧和張君耳語數句，張君立刻走進關他的房裡，拍拍他肩膀，拉了他出來。

「大約你還沒吃晚飯，我們是無所謂的，你就跟我們一塊吃，不過，菜太壞了」，老張拉著他坐下來。

「不敢，不敢」，他戰戰兢兢的說。

「沒有關係！也許你今天是我們懷疑的敵人，明天會變成我們親密的同志。我們共產黨和蔣匪幫是兩樣的，我們只對事，並不對人，假如你曾幹過壞事，只要坦白，認錯，便沒有問題，如果沒有幹過壞事，而是我們下級同志一時的誤會，粗率，那麼，待我們調查清楚後，也就沒有問題了！」老王也含笑地對他說，而且，還催著他用飯。

「手上，頸上，臉上的傷痕！怎麼來的？」我驚奇地問他。

「是在奉賢被……被……下刑的。」他顫慄地說。

「唉，農村裡下級幹部同志們太粗暴了，太不行了！這是違反政策的，我們一定要設法糾正。」老張裝得十二分同情地撫摸幾下他的傷痕，搖搖頭。

「真的，我們定要設法糾正。」老王和我都同樣地說，你吃過飯，我們馬上給你去請醫生來！」

老王再補充一句，立刻放下筷子，便搖電話，請醫生即刻到「六十七號」來！

他看到這樣情形，先前未被捕時對共黨的滿腦袋狐疑，猜忌，被捕下刑後，滿肚子惱恨，這一剎那像消去一半了，而從前一點一滴地滲進他腦海的共黨的寬大，和種種美好的欺騙宣傳，又在他的思潮裡膨脹起來，臉上頓然流露出一脈感動的表情。用過飯後不久，醫生也來了，我跟老張把他的案卷研商過後，便陪著醫生進了他的房間。

「葛先生，醫生配了這些藥，你好好的服用和塗抹，傷只在皮肉，沒有多大關係，我們已向上級反映，要處分奉賢那邊下刑的同志了」我出面來跟他談話了。

「不要處分，我受罪是應該的。」他誠惶誠恐地說。

「不，這不光是你個人的問題，是整個政策的問題。因為革命不是為了報復——何況你也不一定是報復的對象——而是為了解決社會問題，像國民黨般濫施肉刑，我們是堅決反對的。假如某人罪該處死，我們便判他死刑算了。我剛才將你的案卷已研閱過，奉賢和上海兩地合攏起來，關於你的反革命歷史和最近的活動情況，已經收集得很充分了。不過，罪惡的造成，時代是應該負大部分的責任的。假如像你這樣聰明能幹的人，是生長在一個合理的新社會裡，早就可以成為人民的功臣了，現在你還年輕，只要翻然悔悟，回頭是岸，重新做人，前途還是遠大而光明的。你今天很疲勞了，你好好的休息一下，大力的反省反省，明天該走那條路呢？如果是走一條馬上恢復自由，立功贖罪，為革命效命的光明大路，那麼，請你好好的坦白一切，否則，就根據現有的資料，按照懲治反革命辦法，你還是必然被處死的。我們處理案件是很迅速的，絕不像國民黨那樣拖泥帶水。你要走一條光明的路或者黑暗的路，就該在這三數天內選擇好。在這個任由你選擇的時間裡，我們是把你當客人一樣招待的。因為，你或者會成為我們的革命同志，或者把你處決。你介乎這兩者之間。我就是跟你說一句不客氣的話，也是不願意的。」

「葛先生」我停歇一下後又繼續說，「你看，這裡是彈簧床，梳化椅，門可以不關，你要到衛生間，要洗澡，可以自由去好了。你跟我們居在鄰室，大家不是好像朋友一樣麼？只因二樓是大辦公廳，所以你不方便下去。現在，讓我把紙筆留給你，你早寫遲寫都由你自己決定——你早點遲點決定向人民靠近，坦白自新，該由你自己決定，不過太遲了，便會自絕於人民了。」

「你瞧！」老張捧了一本貼照相簿，翻開一頁給他看，「這是我跟軍統一批頭目合攝的照片，那是老王和中統一批頭目合攝的照片，我們都是不久前由國民黨特務機關投過來的。只要坦白過去，誠心誠意為人民服務，共產黨不是一樣把我們當自己人看待？所以，你坦白是不必有絲毫顧慮的，我倆可以保證你，坦白後立刻可以恢復自由。只要努力立功贖罪，我倆人同樣可以保證你的光明的前途，你看相片中的我和老王像不像？」

「像，這照片還好像攝了不久呢」，他驚奇地注視著照片內有些熟識的人的面孔，他的臉低沉了。

「照片內你有熟朋友麼？」老張低聲問他。

「唔……」他猛然提高警覺，「沒有，照片內沒有熟朋友。」

「有也沒有關係，何必這麼多顧慮呢？」我笑握著他的手，「你還是一個人好好的休息，反省一下再決定寫吧，把自傳和最近的活動情況，詳細點坦白出來，好使你的問題早日解決，好使你早一天跟你的妻兒團聚，不要讓他們吊著心肝盼望，好，祝你晚安。」

當我說到末後的幾句話，他一陣感觸，眼眶潤濕了。老張回到房間裡欣欣地對我說「陳同志，你真行，這個頑固堡壘三幾天准可以把他突破了，看他政治經驗不夠老練，是經不起三騙兩騙的。」

第二天開中飯的時候，我又跟老張走進他的房間裡。這時，是由勤務將他一人的飯菜送到他的房間裡的，一盤炒蛋，一盤炒肉絲，一個葷湯，這是上面決定的在「騙」的階段裡使用的兩葷一湯的優待餐。

「因為我們把你當客人看待，所以你用的比我們還好得多的客飯。而我們卻要恪遵陳市長的號召，一律吃大灶飯，今晨我向上面報告時，已說你已有充分的悔過表示，因而，更加強了優待你的措施，希望你不要辜負我和上級的好意！你反省了一夜又半天的結果怎樣？」我溫和的對他說。

「讓我再考慮一下可以麼？不過，我事實上也沒有什麼真正的罪過呵！」他一邊已顯示著動搖，但一邊又為恐懼的情緒所阻擋著。

「讓你再考慮一下是可以的，不過，你思想上是否有什麼顧慮？你也可以向我提出來，你是否懷疑我們也跟國民黨一樣，騙到你的口供就殺你。我們是不會這樣的，要殺你，光根據現有的材料——過去，你曾參加過匪特組織，現在，還參加反革命活動，隱藏兩個匪特在你奉賢故鄉，進行非法活動，這就可以用不著你承認的口供，就可以槍斃你！但是，我們共產黨是要改造社會呀！我們認識到，殺是不能解決問題的，我們要你坦白的用意，第一是進行思想鬥爭，要你檢討過去的錯誤，承認錯誤，才會勇於重新做人。第二是要根據你坦白的經過，尤其是你最近非法活動經過，那兩個匪特現在隱藏到甚麼地方去？好使我們幫助你立功贖罪。但是，假如你不坦白呢？第一便表示你不肯承認錯誤，不肯悔過，反面，便是表示你還打算反動到的，頑固到的。第二，當然是表示你更不肯誠心誠意向人民靠近，更不肯為我們共產黨效命，去努力立功贖罪，反面，自然還是決心繼續著反革命活動。你想，由你來處理前後兩種不同的方向，你要怎麼辦？對後種傾向，你覺得應該把他殺掉麼？」

「……」他沉吟著「，那當然是應該殺的！但是……」

「但是什麼？你隨便說，沒有關係。」

「但是，你們真的是脅從不問，立功受賞，既往不咎嗎？」他顫抖地，與奮地瞪著眼睛向著我。

「我們共產黨，向來是號召與實踐一致的，這一點顧慮，你可以完全消除，我可以向你保證，只要你坦白，必能既往不咎，立功後必能受賞，你現在答應我，你今天睡覺前，可以將你的自白書交給我麼？

「讓我試試看！」他的顧慮已消除大半了。

這樣「騙」的說服，恐嚇工作，由我跟老張輪班耍弄著，表演著。當天晚上他交來了一分自白書，只坦白了他在抗戰期間因激於愛國熱情，參加國民黨特務機關工作，對最近的活動，輕輕抹煞了。第三天，又經過一頓半嚇半騙後，又交出了一分補充的自白書，但只說兩個過去特務機關的老朋友，偶然相逢，要到他家鄉去玩兩天，他一時疏忽，沒有向村幹報告，他們兩人現不知往那裡去了，他把那葛某和符某的名字寫出來，正是我們急迫追索的重要對象，便更大力地向他下功夫了，銀行牌香煙，一包包的叫勤務送給他。第四天晚上還給他燒了半斤紅燒豬肉，我和老張拍拍他的肩膀說：「你好好的想清楚，再坦白清楚，過幾天你便可以返奉賢去看你的太太孩子了。」

經過五次坦白書的補充後，老張，王寧和我研究的結果，還認為不能滿意，後來，還是經過老張耍了一大套大嚇騙的把戲，才使他吐出了葛符二人躲藏的去處。於是我們立刻派人馳往奉賢，再抓著他的妻和堂侄媳婦，引向漁船上，把符葛二人捕到上海，再根據他們兩人吐出的線索，前後關起了三十多人。而對於葛尚材，他就在第六天的晚上，把他上起手銬，押往南市車站路看守所去了。全案經過四五個月的偵查搜索，一絲一毫都肅清了，才在上海《解放日報》公佈出來，後來，葛尚材及同案十多人，終於由王寧擬稿簽請槍斃了。當他在「六十七」號受著優厚的招待時，也許連夢也不會夢到，會有這樣的下場的——這就是中共的政策號召與實踐執行的一致的真相，這就是中共的脅從不問，立功受賞的最好榜樣，這就是今天上海福開森路「六十七」號的騙人技巧的典型例子。

共特機關，光是騙人民，騙政敵還是不夠的，它對幹部還是一樣騙呢。

一九四九年初冬的一個晚上，楊帆約我去晚飯，他除了虛偽的讚揚我幾句外，跟著和我談起問題來。

「陳同志，現在要請你冒險去完成一項任務。」他鄭重地對我說，隨手攤開一幅精細的軍事地圖，他右手拈著鉛筆指向東奉賢、南潞、川沙、沿海和長江口外的嵊泗列島，在地圖上早已圈滿了一個個小紅圈，一邊指劃著，一邊向我解說。

「你瞧，這些地區，現在是武裝匪特騷擾得最厲害的地點之一了。我們的解放軍和公安部隊屢次進剿，還沒有達到預期的目的。就在要進行軍事與政治相結合，進剿與招撫相結合，殲滅與瓦解相結合，就在這地區中流竄的武裝匪特中，有一支由竺飛領導的，開始只有十幾桿槍，但數月來，已嘯聚成擁有百餘桿槍的烏合之眾了。他們行蹤飄忽，而且，控制著幾隻帆船，遇到我方兵力大時，他們便越海到嵊泗列島去，他們知道那處防衛力弱，便又轉來突擊，搶掠，流竄。我知道，你從前曾領導過竺飛，他對你有著相當的信仰與感情。我已跟情委會，二室，三室等有關部門研究過，你是可以設法爭取他回來的，如果約他到上海會談不可能，你要冒險深入他的隊伍中去說服他，我們可以不究辦他，可以給他相當的地位，他的胞兄現在在華東空軍部工作，也是一個立場很堅定的共產黨員，我們可以通知空軍部暫請他來協助你，你覺得怎樣？」

「為了革命，我個人任何犧牲都可以的！」我機械地把黨八股搬出來，「只是，他是受了刺激才從上海逃去打游擊的，現在他的武裝剛剛壯大起來，他怎肯放下武器。假如答應他，委他當一名公安大隊長，全部武裝不用改編，只派黨委，政治指導員去加強政治領導，駐浦東沿海一帶協助剿匪，他本人也不必調來上海，待我起程前往時，連委令公事都帶去了，這樣，完成任務的可能性比較大，否則，恐怕是徒勞而已。部長覺得我的意見怎樣？

「就決定依你的建議進行。」他陰沉沉地思索了十多分鐘，才決斷下來，「那麼，你回去準備一切，明天到秘書處拿公事，要跟他哥哥詳細的商討一下。」

於是，在將近一個月的時間中，我和他哥哥，冒盡危險，往返於浦東沿海及附近島嶼與上海之間，前後達三次之多。有一次幾乎給別一部游擊隊幹掉了，後來，終於照著我的建議原則，完成了協議，他接受了名義上的改編，大隊及各中隊都派了政治指導員去，這一支隊伍立刻投進了「剿匪」的行列。幾個月中有了很大的貢獻，而在幾個月中，他的隊伍已暗中受到政治人員們在進行著祕密的瓦解工作了。雖然他行動還非常謹慎，隊伍經常在備戰狀態中，駐地必須與共軍保持相當距離，出席任何會議都派營指導員或副大隊長參加，本身絕不肯離開隊伍。楊帆始終似乎對他莫奈何。但在舟山群島解放後，楊帆特然約我隨往浦東，祕密召開治安會議，要各公安單位首長，各公安部隊首長親自參加，在每張通知書中注明任何單位不得派代表代理出席。當時，他曾很為難，楊帆派我去促駕，我對楊帆說：「假如保證不扣留他，我才能去，否則，我不但對不起他，連他哥哥我也不能見面了。」楊帆卻向我萬分確切地說：「我向你負責說一句，我絕不會扣留他，我絕不會使你太為難，只要你用盡一切方法，請他親自出來參加會議便行了。他老是不敢露面，這是不好的！」

「部長，你是我們非常信仰的領導長，說一句，當然是負責一句的，不過……」我萬分遲疑地要把心裡的話吐出來，但卻又給甚麼東西作梗在喉裡似的，臉上充滿了陰鬱。

「陳同志，你放心好了，你是我的心腹幹部（？），我作為一個領導長，我能向自己幹部喪失信用麼？我以後還能派遣你進行工作麼？你一切顧慮都可以不必的，而且，他在這許多月來，都表現得不錯，我為什麼要幹他呢？」他溫和而嚴肅地說，顯示著無限的誠懇。

「命令只好服從」，我心裡這樣想著，悶悶的走向竺飛的隊部，費盡了唇舌，有時說得聲淚俱下，要用頭顱來擔保。他一面覺得老友情面難卻，一面又覺得自己在這許多月來，已經立過不少功勞來贖罪了，何況他還有哥哥在共黨裡面。而當時舟山解放，游擊形勢又惡化，更削弱了他再拖上山去的決心，同時，他也知道，自己的部隊正在瓦解的狀態中。這一切因素，促使他神魂不定地脫離了部隊，走向治安會議的周浦市。在會議開完後，楊帆藉口會中的大多數人都要求看管他，他不能力排眾議，只好暫予看管，而他的隊伍，當晚也遭受到包圍，繳械，只有少數人冒死突圍，化整為零地再過游擊生活。他被押到上海，未經優待，便押到南市車站路看守所囚禁起來。

我由周浦到上海。不斷地跟楊帆爭辯了幾場，後來，我和他哥哥，一塊去找他，但他這樣教訓我們：

「陳同志、竺同志，我現在請問你們，你們是站在怎樣的立場來為他說話？是站在組織的立場呢，還是站在跟他的私人關係立場來為他求情呢？你們都是黨的老幹部，難道你們真會脫離黨的立場來為一個反動分子開脫麼。」

「……」我倆人給他以「立場」的帽子壓下來，突然呆住了。

「如果站穩組織的立場來看問題，就應該同意組織的措施，我既然批准了治安會議的多數的要求，你們就應該擁護我的決定」，他繼續強詞奪理地說下去。

最後我和他哥哥悵然地走出來，我託病住進了員警醫院，開始了消極——我不但從竺飛的問題看到了這位領導者的兇險，背信棄義，感到萬分憤慨，同時，也感到我本身問題，也值得顧慮了。戈茅從前的話，又浮映在腦海，我也曾被他誣控過叛黨的，說不定在什麼時候，他也如對竺飛一樣，反臉不認得人，給我清算他認為被捕失節時的爛帳，那麼，我怎能吃得消，在醫院清靜中想了幾夜，寫了一封長信給戈茅，請他無論如何，幫助我設法調回中央去，同時，叫紫清不要調到上海來。在醫院時，接到竺飛的哥哥一封信，他請求我要用盡一切方法轉請楊帆保留他弟弟生命，如果確不能馬上恢復自由，那麼，最多給他短期教育改造。我打了一個報告，附上他哥哥的信，送給楊帆。過了一個時期，我又跟他哥哥再訪楊帆一次，楊帆才答應了保留生命是可以的，但要送過法院判刑。我知道他這案沒經過六十七號是由二室統辦的，我特陪著他哥哥到開原路田公館——即二室辦公處——去，提出有別的理由，請田主任在擬送法院審判的意見書中，可能下減少處分。但老田告訴我們說，楊部長已指示過，擬請判死刑以外的最重徒刑。經過我們苦苦請求，老田才答應在意見書中擬請判十五年以上無期徒刑以下重刑。送過法院後，又害得他哥哥不知費盡多少精神，去求審判員們關照，才幸運地獲判十五年有期徒刑，關進提籃橋監獄，長期享受鐵窗風味。現在不知是否還會翻案重判呢！這就是中國共產黨騙幹部，騙投誠，騙起義，騙立功贖罪的典型例子。

上海解放後，不到一年間，我所看到的，像葛尚材和竺飛這樣被騙的例子，就記不清楚有多少。據王寧說，光是經過六十七號被騙上當，致盡情坦白，被指為直認不諱，送上屠場或打入牢獄的就不下三千餘人。曾被共黨渲染得有聲有色的所謂「ＤＲＰ」特務組織的主持人狄憲章，不過是一個愛耍點玩意兒的糊塗蟲，因受育材中學政治教員添油加醋，誇大檢舉，致被關進六十七號來。開始他還露著一般讀書人的傲骨，後來被王寧一說：「我們是當你是一個有辦法的特務，才以上賓之禮來招待你，因為有辦法的人，只要肯坦白，肯向人民靠近，那麼，他在展開革命工作時還是有辦法的。假如我當你是一個小嘍囉，就送你到監獄去吃苦頭好了，你還不受抬舉，不肯把你領導的大系統坦白出來，那你就不配住在這自由自在的洋房裡——何況一經坦白，不但恢復你的自由，我還請你在這裡幫忙我們呢」於是，狄憲章把十多年前跟軍統郭崎元曾一度建立過關係的歷史坦白出來，而這段歷史，不但公安部不知道，育材政治教員也無從瞭解。他十多年來已與郭斷了往返，在上海育材中學，過教書匠生涯已許多年了。而他更可憐的，是他在上海解放前後，為了同學們在戰亂中取得聯絡，因為當時國民黨宣傳要把上海守三年，要把它變成史大林格勒。市民都人心惶惶，學生們當然更多幻想，就請狄老師指導，建立同學通訊網。你想，一些乳嗅未乾的中學生，能幹得出甚麼名堂呢？但他在王寧的欺騙宣傳下，為了顯得自己是一個「大領導長」，自己是一個「有辦法的」，竟如王寧所希望他一樣，把他平日的幻想和在生活中留下的一點點幻想的痕跡，像他在學校中做文章一樣，有聲有色地寫出來。四天後，就被押去南市，很快就把他槍斃了。那群育材同學通訊網的無知學生，也遭到池魚之殃，很多送到集中營去受改造教育。

但是，騙的伎倆，也遇過「其功效等於零」的時候，那就是我親眼見過的劉棠。他是一個少年老成，視死如歸的人物，王寧曾歎息過「他是一塊頑固的鋼」。

他不過是廿幾歲的青年，解放後，繼續在儀韻女子中學教書，他原與校中一美貌女生相戀，但解放後來了個政治教員盧克緒，盧是盧志英案中獲釋的幸運者，自然她跟公安部有著密切聯繫。盧在解放前被捕時一個做過舞女的太太已離婚，解放後，當然急於追求對象。湊巧他也看中了劉棠的戀人，漸漸地彼此爭持不下，盧後來追查劉的歷史，聽說他曾參加過青年團工作，跟蔣經國曾有過往還，於是，就大力向公安部告他，偽造函件，叫人寫些特務活動聯絡的暗語，郵寄到儀韻女中去，函件先由他檢拆，附上報告送入公安部。於是就羅織成獄。劉棠被抬舉為蔣經國派滬的第×潛伏組長。於是，他也就被送進「六十七號」

三樓。這件案也由我與張君合辦，時間是在一九四九年末。

劉棠也是住在葛尚材住過的那間房裡，張君和我自然還是把那熟習了的一套騙術，如法表演，但一天，兩天直到七天，還是一點效果也沒有，經過情形，說起來會令人有點不相信。

從生活優待方面談，他始終沒有表示過滿足，他說：「兩葷一湯算得甚麼，假如當我是客人般優待，就應該給我吃特灶飯，起碼要像百老匯大廈的客人們一樣，吃小灶飯。」他對於銀行牌香煙不高興吸，要吸白錫包，我們客氣的向他解釋：組織上沒有白錫包發下來，請他原諒。但有一次為了想要他樂意的坦白出來，王寧特地掏腰包給他賞了兩包白錫包，但結果還是一點效果都沒有。不管你如何地跟他談得唇焦舌爛，半嚇半騙，但結果不出下面兩種：（一）他有時跟你口若懸河地辯論，從理論到實際，他也有相當的瞭解。在某一點上要把他說服，總要引經據典，囉嗦幾個鐘頭。要他坦白參加三青團匪特組織經過，他始終如一地說，三青團是參加過的，但卻是在中央大學時給同學代填寫去的，入團儀式他沒有參加，任何小組會他也不參加，這樣，他就等於沒有參加。但有得吃的時候則例外，免繳費而參加餐會或茶會，他是不敢後人的，但吃過便走，難道吃也有罪麼？這不成為罪的經歷。談談坦白是可以的，用筆寫下來坦白未免小題大做。他要拒絕！至於蔣經國，他是認識的，但為他做工作麼？盧克緒白天見鬼，你們也白天見鬼，告訴你，蔣經國是不配領導他工作的。認識個把戰犯便有罪麼？這是笑話，所以談談這情形是可以的。用筆寫出來是多餘的，所以，他也要拒絕。（二）他或者在你大嚇大騙下，一言不發，只叫你拿點紙來，讓他慢慢的寫，你催得急了，一定要他明天交，他也答應你，明天來取，只是明天去取時，卻不是他的自白書，而是劉棠獄中作：〈人民公敵毛澤東〉。他完全仿照存在他室中的陳伯達寫的〈人民公敵蔣介石〉的形式來寫，你超越六十七號辦案原則來罵他，他或者置之不理，一這不發，或者滔滔不絕，跟你爭辯得面紅耳赤。你警告他，這樣會招到殺身之禍，他卻說，他早就視死如歸，他一再強硬地指出，像他這樣的人也要被關起來，毛澤東是事實上的人民公敵了。要他不續寫下去，除非恢復他的自由，等到他第三次交卷給我和老張，還是〈人民公敵毛澤東續作〉時，我兩人已感到束手無策，只好在小組會提出來，讓王寧親自去嚐一下他的「頑固的鋼」的滋味。王寧和他接觸過一兩次後，也大呼一籌莫展，只好在第七天夜裡把他解走了——六十七號的犯人，非特殊必要的不會超過七天，但這種祕密，外間是鮮知的。

他被上手銬時，要掙扎，而且破口大罵，王寧不得不命行動員用棉絮把他口塞起來，手反銬著，推上汽車，解到愚園路青白小學去。在那小學原址裡，接收後，各種刑具設備齊全，後來，聽那邊「同志」說，他在青白小學還有更精彩的演出。所有刑罰，上老虎凳，放飛機，倒吊腳指頭，灌辣椒水，針刺指甲，燒紅鐵燙背，但一邊用刑，他一邊破口大罵，後用棉絮塞著口。他卻又容易昏絕，要他坦白甚麼也寫不出。審訊人員當面監視著他寫，他還是寫些罵共產黨的字句。這樣鬧了一個月，一點結果他沒有，醫生驗過他腦袋，卻又證明他是正常人，並沒有神經病，但醫生卻證明他身體，已再受不起刑罰了，已被刑罰催殘得衰弱不堪了。最後，只好送到南市車站路看守所長期囚禁起來。

他到了南市看守所，審訊案卷又照例送回給我和老張，我和老張研商過，把他丟在牢裡休養一個月再說。但一個月後，我和老張去把他提到看守所的審訊室談話時，他一見我們，便破口大罵，氣得老張忍不住摑了他兩耳光，冷不提防，他也還敬老張一嘴巴，這樣竟動起武來，在上海犯人中，恐怕還是第一遭。幸虧警衛員上前把他兩臂扭反向後，再著人拿手銬把他反銬起來，否則，怕老張還要挨打幾下，這一次自然又是毫無結果。老張叫看守所王所長把他用棉絮塞口倒吊三天，回到六十七號後，他氣忿地對我說：「我們聯名簽呈把這王八蛋槍斃算了，他媽的，我真沒見過這種囚犯！」

「沒有一點事實，沒有一點口供，從外面也再沒法找到他一絲反動活動的證據，光憑盧克緒的報告，怎樣簽法？我看還是等等吧，你忍忍這口氣」，我勸阻著他。

「他媽的！這種囚犯我束手無策了，如果不簽請槍斃他，我也不管他了。」他無可奈何地說。

「對！我也無法處理他了，還是大家簽請另派人接理他，我們自認低能，拉倒算了」，我高興地同意了他。

後來，由王寧自己處理，一直到我離開上海時，他還這樣對我說：「劉棠那塊頑固的鋼還沒有溶化，還是一點東西也不肯坦白，見面就破口大罵，用棉絮塞起口來，用手銬反銬起手來，談也不行，寫也不行了，還坦白什麼，例外地給紙筆墨他帶回囚室，他又是寫〈人民公敵毛澤東續作〉。刑也不怕，打也不怕，說殺也不怕，這種傢伙，將來只有把他充軍到新疆去，所以，我也幾個月沒有去提訊他了。」

讀者們！你們看過這幾個例子，可以想到，被「騙」上當，坦白清楚，誠心向人民靠近的如葛尚材，狄憲章等一個個被指為直認不諱，罪有應得而被槍決了。但「頑固的鋼」的劉棠卻迫得整個共特機關都莫奈他何，一個個束手無策，只好打算把他「充軍」算了，你們看「坦白」是不是騙口供，催入鬼門關的法寶！

我是在一九五〇年春天離開「六十七號」，奉調到善鐘路「二三七號」情報工作委員會去當情委的。在「六十七號」期間，除了當說服，審訊工作，而它內部情形及若干案情有所瞭解外，還可以加強了跟他有關的若干部門的瞭解，而這許多部門，多數也非外間人所能知道清楚的，在香港的出版物中更未見透露過。因為共黨保密制度嚴密，被捕過關進去的人，所知者多僅一室內之事物，此外，他是無法瞭解的，所以，我打算在下面先給予披露，才敘到「情委會」的範圍。

四、海上地獄之二——愚園路青白小學

這個小學，解放前確是一片「青白」的，可是，自從共產黨踏進了上海，這個小學也被改裝作一個祕密的恐怖窟，千千萬萬的人在這裡被打斷了骨頭，被擊傷了臟腑，嘔血成盆，有的被水刑浸得腳腿臃腫，好似海棉，有的被倒吊得七孔流血，昏絕十次百次，都不能求得一死，有的進來三五七天，或者一月半月，便活活的被折磨死。這個令人談虎色變的地方，便是審訊委員會審訊工作組之一——像這樣的下刑的審訊工作組，在上海還有好幾個，它和說服工作組的性質剛剛是相反的。不過，跟我業務上沒有聯繫的地方，沒有去過，瞭解得不清楚，這個地方，對外是絕對祕密的，犯人送進送出，都在黑夜，而且，是用黑布矇上眼睛的。

當年穆罕默德傳教，一手持《可蘭經》，一手持劍，到了他用口不能說服人，《可蘭經》已經失靈時，他便顯出兇相，舉起劍來，強人屈服了。今天的共特機關，也可以算是深得穆罕默德的真傳，繼承起他的衣缽了。但老穆不過要人信仰他，跟他當信徒，要導他們進聖潔的天堂，一片苦心還是無可厚非的，可是，今天的共特機關，卻是先用甜言蜜語，騙人進枉死城，如果感到馬列主義的《可蘭經》失靈時，那麼，空前絕後的毒刑便在另外一個地方給人加上身來，能夠像劉棠一樣，通過刑訊工作部門的刑罰，而不盡吐口供的真是寥若晨星了。還有許多人，原本是無可作供的，但在酷刑逼迫了，熬不住痛楚，但求速死，也無中生有地自己揑造一篇，好乞求停止下刑。

這個小學是在一個弄堂裡的，學校範圍雖不大，但設備倒不錯，中間是一塊空地，當年是天真小孩們戲玩的操場，今天是用來使用日光刑、雪刑、風刑、雨刑的刑場了。空地的四周是房屋，當年是弦歌不綴的課室和教職員辦公住宿的房子，現在，除了一部分供刑訊幹部住宿辦公和一個醫務所外，大部分都經過裝修用來囚禁人犯的牢房，和配備上各式各樣的刑具的刑訊室。開始不過是一些老式的刑具，後來，到我將近離開上海時，在俄國大鼻子的刑訊專家的指導下，各種機械化，科學化的刑具也陸續配裝了，如痲痹電刑等也開始使用了。

這個刑訊單位的負責人，是曾在日汪時代的「七十六號」當過「撲格打殺」的廖耀林，他長得軀大如牛，濃眉粗眼，面目可憎，一見就可知是一個殺人越貨，飲血止渴的人物。當年給日本漢奸當狗腿，已不知害盡多少良民，但當日本無條件投降後，他卻又搭上了共產黨的一線關係，帶了一批貨財，進貢楊帆的心腹田昆，於是，他到了山東共區，又一樣的騎在人民頭上，橫行無忌了。今天回到上海，更以「革命英雄」自命，氣燄萬丈，殘酷，瘋狂百倍於當年。

因為業務上的聯繫，我有時他不免跟老廖碰在一塊，有時候工作談過，問題解決後，他也硬拉著我進進酒店，坐坐咖啡間，當黃湯半斤落肚，談得高興，他有時他忘掉了保密制席與習慣，談話內容超出了應有的範圍。

「陳同志！你猜，在我這單位裡，使用哪種刑罰，令我的到最困難的呢？」他有一次喝得半醉地向我說。

「恐怕是餵水吧？」我摸不著頭腦地隨便答覆他一聲。

「不！這個有什麼困難？在日本人領導的時代，我們把這一手玩意兒要得熟練透了，感覺上也毫不介意，只要上面同意，隨時可以把犯人按倒地上，水龍管塞進喉嚨，灌他媽的一身飽滿，再用腳踏他腹部，吐光了又灌進去，直到他媽的肯坦白，或者昏迷不醒不能再灌為止，我這次到上海後已幹過幾千百次了，多少頑固匪特都因此屈服了，這有什麼困難呢？老兄！最使我感到困難的，卻是對付女人那一套……」他最後獰笑起來了，口角淌著下流的饞涎。

「怎麼樣？對付女人也會困難嗎？」我驚奇地問。

「對付普通女匪特也不會覺得怎麼困難的，她們抵抗痛苦的能力比男人還弱，而給她們上刑卻又不大費力，譬如用花針刺她乳房吧，有些是經不起幾下功夫便屈服了。最頑強的女匪特，只要給她上「陰刑」——用火燒她陰毛，用火紅鐵棒插進她陰道，塞進她子宮，是沒有幾多個能經受得起而不屈服的。可是，有一次楊老闆交下一個女犯人，由老田口頭傳授給我一套下刑的命令，我聽了覺得又奇怪又害怕，這種刑法，在日治時代，也沒有過，由上級指示執行的，實行起來真感到困難……。」他又神祕地獰笑了。

「老廖！你喝醉了麼？為什麼要說又不說，吞吞吐吐的，使我聽得心癢癢。」

「讓我告訴你，但你要給我守祕密！老兄，傳出去是不好玩的！」他低聲地說了，原來那女人是反動派的高貴小姐，年未過二十，長得漂亮極了，並沒有幹過什麼反動工作。哦！她可憐極了，老田命令我推她進密室中，在夜間，把手腳反縛在長木椅上，用棉絮塞著嘴巴，使用曠古未聞的「輪姦刑」——要這樣折磨她十天後，才交還老田。讓他把她送進什麼「國際招待所」，充當招待俄國老大哥的「國際招待員」，據老田說：她從前嬌生嬌養慣了，她自以為了不起，在這人民的時代，她還殘留著她過去當反動派高貴小姐的脾氣，瞧不起人民領袖，豈不該殺？後來，還是原諒她了，只讓她受十天訓練，便給她一個為

「人民服務」的機會，否則，她到了「國際招待所」，再使小姐脾氣，得罪國際友人，是不好的！「老兄，這種新玩藝兒，真令我感到萬分為難，因為老田命我完成的任務是：以這刑罰來屈服她，但不能把她弄死！」

「那麼，你艷福無窮了！」我開玩笑地笑起來。

「見鬼！我苦死了，十夜沒好睡過！」他苦笑著，「老田命令我不准任何『行動員』跟她談話，要我站在長椅的一端附近監視著，而且，要我在徵集十名八名粗壯大漢的行動員時，要表示這是我的主意，不是部長命令的。這真把我為難死了，何況上刑到第三夜，她已支持不住，幾次昏過去，我提心吊膽地捱到第十夜天亮，她沒有死掉，我才說聲阿彌陀佛，讓我完成任務！」他說完長吁了一口氣。

「喂！老廖，這樣奇怪的刑罰，我真是第一次聽到，是真是假呀？老田所說的，她瞧不起的『人民領袖』，到的是誰呀？」

「茶餘酒後的談笑，信不信由你！」他原是老粗，被我一激，情緒便高揚起來了，「老兄！只要你肯守祕密，這『人民領袖』是誰，我告訴你也可以的，但你卻還不相信這一回事呢？」

「他是誰？你說不出來我就不相信，而且你不說清楚他為什麼這樣恨她，我還是懷疑不會有這麼樣的事⋯⋯。」

「我真給你氣死！我老廖還會編造故事的麼？」他生平最氣人說他說謊，他受我一再刺激，更把保密習慣忘個乾淨了，「老實告訴你，這個臭妮子把楊老闆的心刺傷了，這情形，老田也沒告訴我的，而且，老田還命令我本人也不得跟她談話，但我終於找個機會，一個人偷偷跟她談過了。原來她被老闆接收下來住在一所房子裡，雖不得出門，但卻很優待，可是，她三番四次都拒絕了老闆的愛，而且，還摑過老闆的耳光。他一怒之下，便指示老田給她這樣的折磨了，你看她可憐不可憐！」

「不可憐！該死！有部長夫人不當，還不該死麼？」我笑著說。「不過，你違反組織規定，擅自跟她談情，該當何罪？未獲組織許可，擅將工作祕密，宣洩在跟你這種業務無關的同志面前，該當何罪？這兩點，我都要向組織忠實報告你，你覺得怎樣？」

「喂，老陳！這不是開玩笑的呀！」他真正驚恐地站起來，「假如你這樣一攪，我就要完了！」

「不攪可以，但要你每星期請上館子一次！」我笑哈哈地拍拍他肩膀，他看出我有意耍弄他，他情緒上才鬆弛下來。

「只要鈔票得來，他媽的吃、喝、嫖有啥關係，只是近來那『特貨』生意不大順手，他媽的，運氣不濟……。」他那一派流氓頭子，下流特務的口語，氣派使我幾乎作嘔。但因他刑訊技術不錯，楊、田卻把他當作寶貝。而且，他跟上海黑社會關係頗深，是上海灘上經營鴉片嗎啡等毒品的老手，所以楊、田抵滬後的『特貨』生意，一部分也由他出手經營，因而，他的生活，跟乾領組織供給的我們，早就有天淵之別了。

「他媽的！要是別個地方有口飯啃，這等行業也不再幹了，革命，革命，到頭來恐怕還是把自己的命革掉！」有一天我約老廖到大三元上樓房座中喝茶，他剛坐下來，便忿忿不平地發牢騷。

「老廖，怎麼又鬧情緒呀？是不是又是特貨生意不順手？」我看見他發牢騷，就替他聯想起特貨生意來。

「特貨生意不順手，倒沒有這麼氣人，她媽的！就是這臭行業，要我對人落盡毒刑，但卻又不准我將人下刑至死——因為人死了，便再迫不出口供了，下刑的目的便失敗了。如果給我長時間運用，還容易應付，但常常奉到一些不近人情的火急命令：限兩天內，或限廿四小時內，甚至有限十二小時內或更短促者。用刑強制某某匪特坦白，但不得刑傷至死，如違懲處！老兄，你想這碗飯多麼難啃呀。前天，就弄死了一個，楊老闆把我抓去臭罵了一頓，說要把我關起來，讓我反省三兩個月，溫習溫習技術才行，幸虧老田說好說歹才逃脫這厄運，唉！這腕飯真難啃下去……。」

「你弄死了一個什麼人物？是什麼案情的？」我凝視著他。

一個叫做張……張福民的匪特，他是毛森係匪特陶鑄案中張澤民的堂弟。自在北四川路將主犯陶鑄逮捕後，說服無效，經過我一番破皮折骨「刑訊」後，他才吐出了他的匪特的組織關係，像徐上達，何佩福，張澤民等十餘匪特的住址，他都逐步坦白了出來。而他的潛伏電臺，由一九五〇年起已由何佩福家中移設於張澤民家裡。可是，正前往他家中搜捕時，他剛溜出去，偏遇張福民這倒楣鬼去探訪他哥哥，於是，行動隊便將他和電臺一併帶回，而徐、何等一干人都已捕獲。像他這樣一條重要的漏網魚，無論如何是不能輕易放過的，但一時從什麼地方去找他躲藏的線索呢？根據瞭解，他們兄弟間感情甚好，而且，平時過從甚密，雖然張福民似乎是一個規規矩矩的小商人，但難保不參加匪特組織工作——即使不參加匪特組織，為了當時推測張澤民可能利用戚友私人關係躲藏。而戚友私人關係，他們匪特組織中人是不一定盡悉的，因而，說服單位花了一天一夜也不能說服他協助追捕他哥哥時，就只好簽請老闆批准要我用「刑訊」屈服他。而且，限十二小時內解決問題，以免他哥哥逃離上海。

可是，他除了矢口否認與匪特組織有關係外，他根本拒絕了協助逮捕他哥哥，他說他是守舊的商人，他有守舊的道德觀念，別說，他哥哥被指為國民黨特務，便是他哥哥當了強盜，他為了顧全五倫之德，他做弟弟的也絕不能謀害哥哥。而且，他哥哥的戚友多數也是他的戚友，他更不能胡亂牽累戚友，何況他哥哥躲在那家戚友處，他根本不知道。他的嘴巴始終是這樣硬，一樣刑下過，不行，又換上別一樣刑，連續幹了七八個鐘頭，他皮破肉爛血污滿身了，他還是同樣說辭，只好把他倒吊起來。開始還有呻吟，後來以為他昏過去，三兩個鐘頭後，解下來打算再幹他時，他卻斷了呼吸了……。」他搖搖頭，兩手失望的一張，「唉！他媽的，一不留心，就失敗了！幾乎為了這個倒楣鬼吃幾個月官司，這碗飯真難啃呀！而今天早晨，張澤民卻給抓到了，也許是這傢伙命該完給吧！」

「真正的匪特還未判死刑，假的匪特你卻先要了他的命，這攤冤枉，你現在不吃官司，你將來死了，恐怕閻羅殿裡冤鬼們要清算你，真要推你下油鍋呢！老廖，你怕不怕？」我又向他開玩笑了。

「你是一個老布林雪維克嗎？你是一個辯證唯物論者嗎？」他指著我獰笑起來。

「你為什麼又向我念起黨八股來？」

「不是嗎？一個老布林雪維克，一個辯證唯物論者，根本是一個無神論者，只管現實幹活，誰管死後報應的神話——陳同志！這就是我現在和過去在『七十六號』工作決心和情緒不同的地方。過去，給日汪工作時，我還是一個『有神論』者，我根本不知辯證唯物論為何物，尤其因為我是靠打人殺人起家的。我母親為了我修來世而終年吃齋念佛，只要見到我，總是含淚叮嚀：『兒呵，為來世，為子孫積積陰德吧，少打少殺，不是阿娘吃齋念佛，你第三個兒子還是養不成呀……。』因而，影響了我後期的打殺決心，致受日汪當局後來批評我工作落後了。他媽的，老子一套打殺本領也會落後嗎？不過主觀上有了『有神論』，積陰德的顧慮，動作上處處留餘地吧了。幸而後來找到了共產黨，經過黨的教育，建立了新的宇宙觀和人生觀，通過了『無神論』的思想訓練，使我完全放棄了思想上的顧慮，使我敢於放膽打人殺人了。所以今天執行共產黨的打殺業務，不但不會如從前執行日汪的打殺業務一樣，有所顧慮，保留餘地，而且，弄得常常過火，過火到幾乎連自己也吃官司！」

「你的話說來倒有一番道理，怪不得市面謠傳：『無神論者統治下，天怒人怨，世間將無噍類了』如果給老百姓聽到你前後這兩種不同的性格，真使他們對人民政府的恐懼比對日本人的統治還來得厲害了。」我傷感地微合上眼睛。

「陳同志！你合上眼睛祈禱麼？」他笑拍我一下。

「對！」我笑著「為清洗你的罪惡而祈禱，為請張福民這樣的寃鬼原諒你而祈禱。你相信嗎？」

「假如我的打殺工作是罪惡的話，你天天祈禱也清洗不完的。無緣無故被弄死，像張福民這樣的寃鬼，從前不說，就接收上海這短時間，也不知有多少了，祈禱有什麼用呢？何況一個無神論者，根本是不需要祈禱的！哈哈哈！」他又總從前見面時一樣，神氣自若地談笑了。

「我倒願意聽聽你自接收上海以來的寃鬼錄。」我說。

於是，他邊吃著點心！喝著茶，一邊滔滔不繼地誇談著他一手製成的寃鬼錄：

一、證交大樓案中的寃鬼——上海解放後才兩三個星期，物價便上漲了許多倍，人民幣迅速貶值，黃金、美鈔、銀元黑市價飛漲，市場一片混亂。饒政委、陳市長，楊老闆和經濟保衛部門都認為這是國民黨經濟特務在搗亂，必須給予嚴厲鎮壓，才能在經濟保衛戰線上紮穩了陣腳，於是，以迅雷不及掩耳的手段，突然包圍了多少年來成為了冒險家樂園的證交大樓，逮捕了正在做投機買賣的商人有七百多，都把他們當作「經濟特務」來處理。他們的資本——黃金、美鈔、銀元，甚至人民幣和有價證劵，都當作贓物來沒收了。這案中的案犯，除了別一部門處理外，也曾斷斷續續的押解了一些人到我這裡來，要我協辦。對這案中的案犯，上面總的指示，幾乎差不多都是這樣：（甲）要他們坦白參加國民黨經濟特務組織的經過，及最近從事經濟搗亂的陰謀。（乙）如果上項目的不能達到，起碼要他坦白直接或間接接受國民黨經濟特務指使從事經濟搗亂的詳情，並舉出指使人的姓名、住址。假使上列這兩項審訊目的都不能達到，被審者始終只承認從事黑市買賣，投機活動，興風作浪的行為乃純粹是個人圖利企圖所驅使，冀圖抵賴的話，那麼，必須嚴刑迫供，務求水落石出。

有一位名叫劉健元的倒楣傢伙，原是在滬市開金飾店的，解放後店門正式關上，只好全神投向證交大樓活動，選擇投機貨品買賣，一剎那買進，一剎那拋出，同時，自然兼做股票和黃金外幣的買賣，賺點錢來維持開銷。可是，他在大逮捕中落網了，在黃浦分局初審時，這位商人經不起承審者的一陣騙嚇，他輕信了承審者的諾言：「只要承認是受國民黨經濟特務指使從事經濟搗亂，坦白認錯，便可以釋放！」那曉得承認了這一層時，承審者卻又深一步迫他供出指使者的姓名、地址，和他參加匪特陰謀的詳細經過。這一點，他受了幾次刑罰後也不敢揑造事實了。於是，他被輾轉押解到我這裡來，上面要我窮究真相。

開始我對他相當氣忿，認為他是頑固隱瞞，而且，審訊的中途，他曾兩次翻供，否認他在黃浦分局所供。所謂受國特指使，從事經濟搗亂一節是假的，是在嚇騙下揑造出來，希圖早日獲釋的。我聽了十分冒火地親執皮鞭來猛笞他，我覺得他是一個至死不悟，老奸巨猾的匪特。所以，他到我處不到一個月——因為上面對他沒有限定時間——幾乎所有的毒刑他都嚐遍了，他還是一樣說法，他終於在一個夜裡被放飛機弄死了。

一個是艾中孚偽造人民幣案中的張達榮，已經是一個年近六十的老頭子了，他在南市開了一間雜貨店已幾十年了，一向不過問政治，而且，跟衙門的關係，幾乎除了繳稅納餉外，便毫無任何接觸，可是，因為他閣樓上空了一個板房，解放前租過給歐元居住，後來老歐搬走了，因為大家相處得感情還不壞，老歐還有時到他店裡來採訪他，閒談聊天，解放後還是如此。有一次，張老闆向老歐歎息著生意難做，資金周轉困難。老歐乘勢向他說，他有個親戚開地下錢莊，可以低息貸款，張老闆有殷實鋪子保證，大點數目相信也可以的，不過，要一星期內本息付清，每次本息付清後，過三五七天，又給他貸款一項，開始由三百萬，五百萬，一千萬貸下去，後來竟一次借到五千萬元。老歐貸給他的是偽人民幣，他馬上用去購貨物，或轉手作高利貸款給人，到期還給老歐的本息卻多數是真人民幣。有時，老歐也折價取點貨物，這樣過了一個短時期，張老闆以利之所在（因當時一般黑市利率很高）真是歡歡喜喜地跟老毆打得火熱。可是，好景不常，有一次他辦鹹肉時，卻給一位蘇北的鹹肉批發商發覺了他那幾百萬都是偽鈔，傳警逮捕，先關在分局裡，因為他始終矢口否認與特務有關，只說是向地下錢莊低利貸款。可是，這地下錢莊在什麼地方呢？負責人是誰，他一點也不知道，連歐元寫給他的住處他也沒有去過，只說出老歐開給他住所門牌。分局人員辦案不夠精細，派警按址往搜捕時，卻不但捕不到老歐——因老歐根本不是住在那裡，而在那地址附近，卻有老歐的把風站——卻連老歐也驚醒了。爾後也沒有到他店裡收賬。分局百般拷問他，派人守候在他店裡，拖了長時期也沒有結果，後來才解到公安部，輾傳送到我們這裡來，只好乞靈於貨真價實的「刑訊」了。可是，當我一瞧像那樣已折磨得骨瘦如柴的老頭子，還能領受得起那一種酷刑呢？而他又沒有大兒子，大女兒已出閣了，店裡只有一個十二三歲的小兒子，自然不知情，也不能代他受罪。他的無知老婆和夥計，雖抓過進來，但可能告訴我們的，更比他少，而上面卻咬定了一個規律：印製使用偽鈔，決不是純粹圖利的商業行為，必然是與美帝或蔣匪的特務活動有關的。因而，嚴厲的指示我，不惜用任何手段，必須求得水落石出。

一天，我把這位搖搖欲倒的張老闆提到刑訊室裡來，給他一瞧我們的刑具，熊熊的火爐，燒紅了炮烙皮肉的鐵把，放飛機的繩索由天花板的下垂吊下來，老虎凳上殘留著洗不掉的斑斑血跡，抽的皮鞭，刺指甲，刺肚皮的花針，餵水的龍喉，壓手指腳指的鋼夾，麻痹性的電倚……這一切的一切，都和分局的簡單設備完全不同的，他瞧著，瞧著，眼睛一黑，暈倒了。

「老傢伙，你這麼怕，為什麼不早點坦白呢？」我們把他弄醒後，這樣對他說。

「老天爺，我只是向地下錢莊貸款，真鈔假鈔我怎能知道？……我更怎麼會知道匪特的組織呢？我已坦白完了，饒饒我吧，做做好事！」他奄奄一息地躺著說。

「饒你？」一個同志睜大眼睛瞪著他「你不坦白出來，這兒這麼多樣菜，任你點一樣！」

「唉！……」他絕望地又合上眼睛。

「操他媽的！就幹他！」

我的助手翹起衣袖要幹他了，但我一想，像他這樣的人，能受得起那一樣刑呢？這確要研究一下，我只好向那同志搖頭，叫他帶回禁閉室裡，明天再說。否則，一幹就完了，那不是不能完成任務嗎？

「喂，張老闆！今天是最後關頭了。」我們經過討論後，翌日中午又把他提到刑訊室，嚴肅地對他說：「現在，你要是把供給你偽鈔的匪特真正地址坦白出來，還要把印製偽鈔的地點坦白出來，否則，便只有給苦頭你吃了。」

「唉，老天爺！我實在說不出呀……。」他還是這麼一套。立刻把我的助手激反了，一聲開動，便開始給他吃一頓最輕的刑罰——刺花針。大約二十分鐘的光景，劇痛使他昏倒了，我立刻下令停止，噴過冷水，他才慢慢的醒來。我一時想不到更好的辦法，又焦急，又惱恨，只好命令我的助手：「把這老王八蛋扛出操場，跪著曬太陽，曬到他媽的坦白為止！」

剛巧，這老傢伙扛出後，我接到老田電召，立刻到第二室有要公面談，忘記了關照我的助手適可而止。當我到老田那邊談畢告退時，忽然行動單位派人到報告老田，說破獲了一個偽造鈔票案，主犯艾中孚，從犯歐元等多人均逮捕，後來歐元的口供承認、他確是以地下錢莊的方式，欺騙一般等待資金周轉的商人，張老闆和他確無特務關係，照這樣案情，這老頭子是只會受輕刑處分吧了，可是，當我趕回去時，張老闆飽受花針之餘，復遭烈日熱曬，早就昏倒，斷氣了。

「陳同志，這老頭子確是一個可憐的冤鬼。」

還有一個是偽警備部稽查大隊的義務稽查馬蔭南，聽說他父親曾在廣西當過偽師長，刮了一筆民脂民膏，在上海做了許久寓公才死掉。抗戰後期，日本人統治了租界，他還在聖約翰大學讀書，因與軍統特務戚再玉接上了關係，致曾被日本憲兵隊關進牢裡。直至日本投降後他才從牢裡放出來。照理他應獲得很好的酬勞了，可是，經過一番拍馬鑽營，他也不過得了一名義務稽查。他家庭生活的主要來源，還是靠他父親遺下的一點生意和房屋，到了戚再玉因案被殺後，他連這義務稽查也丟了。像這樣的人，照我的看法，根本是談不上什麼鬥爭作用的。可是，當他在解放後參加了特務登記，不到三個月，管制單位的同志，卻把他逮捕了，逮捕他的總罪名是「偽裝自首」。構成罪名的細目是：（一）自首登記後立功贖罪不力。（二）登記後每天生活情況，與其本人向管制者所報告者不符。（三）有一交際花性質女子名李燕者，與老馬過從甚密，經被跟蹤者在法國公園偷攝了雙人照片，但老馬始終未向管制者報告與該女子之往返，而該女子同時卻與另一姓裘男子過從甚密，亦被偷拍成雙人照片，因裘某亦一被監視之特務嫌疑分子，而李燕則行縱飄忽。不斷由這家公寓搬到那家旅館，對裘某的監視同志，忽然發覺他不但擺脫了他們的監視，而且，接得有關報告，他已乘帆船溜到舟山去了，同時李燕也失縱了，也摸索不到了。於是，便將老馬扣留起來，經過「說服」無效，才解到我這裡來，乞靈「刑訊」解決。

「坦白——裘某是不是跟你同一個特務組織？那女子李燕是不是你和老裘之間的連絡人？你交了多少情報給她轉給老裘？他給了你多少活動費？是不是他叫你偽裝自首？在你們這特務組織裡還有多少人潛伏在上海？……」我們拿出他們被偷攝的照片，對正在他眼前。可是，他還是像在說服單位的供詞一樣，只承認李燕是他的情婦，這情婦是否另有戶頭，他可不知道。過去他所以不肯向管制同志坦白這一點社會關係和生活，是怕被指責為生活浪漫，而事實他和她已在解放前發生關係了。最近所以不知李燕去處，是因為前些時她向他大敲一筆款不遂，大家拆夥了。所謂裘某其人，他根本不認識，更談不上同一特務組織了。這樣說起來，他自己覺得是頭頭是道，把我們對他的懷疑和假設否認得一乾二淨，可是上面咬定，事實上決不會是這麼簡單的，如果他不坦白地交出李燕來，如果他不坦白地吐出他與裘某的特務關係，如果他不坦白地和盤托出他那一個特務系統的所有組織關係，那麼，要不惜用任何殘酷「刑訊」技術來對付他。

他體格魁梧，強悍，意志頑強，他捱得起一百皮鞭，一天上幾次老虎凳，懸空倒吊了兩天兩夜他還沒有完全昏迷去，後來用鋼夾把他手指和腳指都壓爛了，他還是像開始時一樣說法，而刑罰愈多愈重，他的含恨亦愈深。開始他還希望我們能弄個明白，好讓他恢復自由。後來，刑罰的痛苦完全把他這一點希望沖淡了，他的神經完全被痛楚麻醉了，忿恨激起他對我們的謾罵，他似乎但求速死，而不願再嚐這種種毒刑了，而不願再期待那渺茫的開釋了。

我們針對著這情況的變化和發展，由急性刑罰改變到慢性刑罰。當時，正當一九四九年的冬天，零度下結冰的日子，下著雪花的夜裡，我們把他赤膊綑縛起來，推到操場，跪在冰塊上，他在嚴寒中顫抖，警告他，只要坦白了，馬上可牽回來。可是這樣經過了三四夜，每夜都弄得他暈倒才拖回來，他還是照樣不肯多承認一點東西。只好把他丟在水牢裡，水深由膝部慢慢加深到頸部，直到他幾乎凍僵了才拖出，這樣也絲毫沒有見效。最後，只好用「嚇」的一套了。

「嚇」的一套，可以說是我這單位的計窮矢盡的一套了，雖然當時瞭解到老馬似乎但求速死，但根據人類的求生本能，我們在使用嚇的一套之前，先抓了他的妻和老母進來，准他們談五分鐘。果然第二天表現在他的言行中，求死的成分降低了，百般解說，似乎希望我們諒解他，終有一天恢復他的自由。但我們則堅決的告訴他，如果今天他不坦白，便執行處決了。

午夜，我們把他綑縛起來，陪同一個已判決執行的匪特用汽車裝運判郊外，命他們倆自挖土坑，警衛員們環繞持槍實彈監視著。到了土坑挖好後，先命另一匪特跳進去，叫老馬撥泥土碎石把他活埋。一剎那，一個活人便被掩埋了。老馬一面撥土一面在顫抖著，我們跟著喝令老馬他跳進另一土坑裡，並命令一警衛員撥土。待泥土碎石堆到老馬胸部時，我故意對警衛員說：「暫停！」同時轉過臉來，對老馬說「這是最後機會了，假如你肯坦白，我現在還可以救你，否則，你便和剛才那一位匪特一樣了。可是，他除了長歎一聲，再說明不能無中生有，假裝承認外，別無可坦白了。我在惱恨之餘，再命撥土，直至士石壓到頸項了，再如前法逼問他，一樣仍無結果。在這一剎那間，如果繼續撥土，他便被活埋了，只好由我的助手出面轉圜，說提他出來，讓他再考慮一天，明天再幹他。第二天午夜，商好了另一套恐嚇辦法，再提了一個處決犯，一齊綑到郊外，我的助手用子槍對準另一處決犯胸膛，問他肯不肯再坦白，那處決犯說沒法再坦白了，於是槍機一扳，碰！的一聲，人便應聲倒地了。跟著，同樣對準了老馬，預先我們商量好，要我的助手在對老馬時，用練習彈，有聲響，而無彈丸射出殺傷的。那曉得我的助手一時頭昏腦昏，子彈調錯了。一問老馬，還像從前一樣答覆時，便把槍機一扳，碰的一聲，老馬竟然應聲倒地。用手電筒一察看，果然鮮血迸流，真彈射出了，事情弄糟了。後來我和我的助手，都曾因此事不能完成任務而受到批評。老馬死後不久，李燕被抓到了，從這個淫婦，女特務的口供裡，確知老馬在登記後是沒有特務活動的，而李燕則後來被裘某收買上了。跟老馬拆夥後，她就完全仰裘某的供給而在上海潛伏起來，而裘某迄今還未抓到。

「陳同志！你想，馬蔭南也算不算一個冤鬼？」

「還有……。」

老廖滔滔不絕地說下去，好像要說遍百千個才肯休歇。我實在不耐煩了，而且，還有別的事要去辦，只好打斷了他的談話。同時，結束了我們這次的聊天。

「老廖！百千個冤鬼日夜圍繞著你，我怕你終有一天不好死！我跟你做同志，做朋友，也不免惹起冤鬼們仇恨，遭池魚之殃呢！」我說完，哈哈大笑，拍拍他肩膀，告辭先走了。

五、華東情報樞紐——善鐘路二百三十七號

上海舊法租界善鐘路二百三十七號，是一所不大不小的漂亮的洋房，原來也是國民黨官兒們的公館，可是，現在卻給華東中共特務機關主要部門的「情報工作委員會」所占住了。

情委會是由陳一民、歐陽（即楊易）、馬福和、張浩、陳偉才、張明操、丁正（即高方中）……等共有廿餘人所組織的。我奉調情委會叨陪末座時，已經是一九五〇年初春了。當時，凜冽的朔風已經過去了，福開森路和霞飛路邊的法國梧桐，那光禿的樹枝上，又吐出嫩綠的葉兒了。想起離開北京已半年多，紫清一會兒來函，希望我能早日調回京，一會兒又來函，說她懷戀江南，假如我不能即回京，那麼，在一九五〇年江南鶯飛草長之日，她一定要南下了。唉，兒女情長，真令人「怕見陌頭柳色」了。可是，大家都在一股空想主義的革命熱情下，許多年來，青春就這樣消磨去了。

當我搬進善鐘路二百三十七號，和情委會主任委員胡靜波（即胡均鶴）一塊兒相處久了之後，就使我有許多驚奇的，從前意想不到的發現。從他的面部表情上，從前偶爾在某些場合和他碰上，他臉上總會呈規些欣喜和微笑的，可是，後來慢慢便可以看出，勉強的欣笑下，是隱藏著沉重的憂鬱的，表面上，似乎覺得他對他目前自己所處的環境非常滿足，但實際上，他是牢騷滿腹的。更因為我和他有一點同病相憐的共通點，說話更容易投機起來。

他已接近「知天命」的年齡了，所謂「大革命」時代，他已經是一個火般熱的共產黨員，但在一九二七年清黨的風暴裡，他卻給中統（當時是國民黨組織部調查統計科，葉秀峰任科長）逮捕了。任何人，談革命是容易的，但臨到了生死關頭，便難於遵從主觀理想去抉擇了。最後，他走上了自首求生道路。自然，跟著他自首的是組織上對他嚴厲的處分——開除黨藉！本來，照著人類一般的心理學來分析，他既已決絕於共黨，而共黨亦已擯棄了他，他為什麼還會跟共黨恢復關係呢？說到這裡，就不能不怪國民黨的荒謬與錯誤了——這種錯誤影響，筆者也曾直接間接體驗到的。國民黨的衙門和官兒們，不論是個人態度和機關的傳統上，對待這些共黨轉變分子，總是像對俘虜般看待的，那怕是給國民黨賣命了十年八年，但被塗在身上的俘虜痕跡，還是無法洗掉的，那怕他工作能力多強，但國民黨各級當局，總是不肯輕易給他大權的，總是不肯如待他們自己嫡系幹部一樣相信他的。在宗派傾軋如烈火般厲害的國民黨特務機關內，他們常常是畏讒懼譏，英雄無用武之地，加上目擊國民黨的貪污、腐化、無能，對政治前途的黑暗，絕望，乃迫使每個「轉變同志」常常感歎著：「寧回老家受察看！不願在國民黨內活受罪！」於是，摸索回「老家」的念頭，每個轉變後不久的人，又常常會油然而生了，雖然身在國特機關中可能一不小心，因被發覺而受到「殺身之禍」，但千千萬萬的人，卻為了上述的許多原因，而甘冒生命危險與組織接上關係。何況當中共未能達到全面勝利前，雖然表面上是「黨紀似鐵」，但在「利用主義」的原則上，對可能有所貢獻的叛徒，還是網開一面，讓他（她）恢復工作關係，俾便利用利用的——但「利用主義」的原則，到了全面勝利後，便完全變質了，或者是利用一時，即給予「走狗烹」，或者又學會了國民黨「視若俘虜」的一套，給他們與精神上，物質上無窮的虐待，使他們不安於位，只好作遠走高飛之想。而胡靜波是在中統工作了十多年之後，才與中共組織再接上關係，到江南解放時，他也為中共工作了十多年了。雖然他給利用得早，沒有馬上碰到「走狗烹」的遭遇，但從他臉上那沉重的憂鬱，他是免不了受到被「視如俘虜」那一套精神虐待的。

「假如我像你這麼輕的年紀，而又在文藝工作中走過那麼遠的途程，我今天就要用盡一切方法，投身於全靠自己的創作來具體表現自己，來具體地為人民服務的道路了……。」

一天，午飯過後，我和他先後到花園裡曬太陽，邊翻閱著報紙，偶然跟他談起「無形戰線」這情報性的文藝作品，對我們政治保衛幹部的教育意義時，不提防，他卻向我說了這樣的話——這些話，言外之意，顯然是一方面表示了他對本身工作的不滿意，厭倦，另一方面，也表示了對我的處境的關切與同情。

「可是，一再請求，上面還是不容許我變更工作方向……。」

「上面的固執，確也使人有點為難！」他點著頭說。

「還是請胡主委幫幫忙，給我多反映反映，照我的興趣，我寧願像姚雪垠一樣，下工廠去，希望寫點工人生活和鬥爭的作品，或者參加土改隊到農村去，使能反映一點農民的真正生活和鬥爭，而不願意當這個把情委，既不合興趣，又毫無貢獻，還受『歷史清白』的同志們的奚落，唉！……。」我把頭搖幾下。

「還是請胡主委幫幫忙！」

「就是幫忙不到的！」他也搖搖頭了。「我除了情委會的正規業務外，一切我都是沒有發言權的！你看得到，解放這麼久了，但組織還沒有把我的愛人（即太太）的職業解決。而跟著楊部長由老解放區來的同志們，像石光同志的愛人便由組織硬插進待遇優厚的上海區鐵路局當專員，張浩的愛人便由組織硬壓進中國銀行，劉然如的愛人便由組織硬壓進花紗布公司。其他如此之類的更不勝枚舉，男的領全家供給，女的領優厚薪水，生活太舒服了。可是，像我這樣的同志，卻苦透了。你還幸運，你的愛人在京參加了藝術工作，依我看來，你還是叫她在京給你多想點變更工作方向的辦法吧，或者你多向楊部長直接提出！」

「不曉得楊部長最近對我的印象和批評怎樣呢？前些時，王寧和田昆都為我提出，關於恢復我的黨籍問題，而受到他一筆批駁了，要我還要繼續充分表現再說，唉，真不知挨到什麼時候才行？而我的愛人卻在京恢復黨籍了。」

「像夢一樣渺茫！」他仰望著天空，緩慢地，拉長嗓子吐著一串沉重的歎息。白雲緩緩的流過半空，一字兒的雁行掠過雲端。他用手指向天空「像它們多麼自由自在！……陳同志，不要說你了，我恢復工作關係十多年了，現在的工作崗位是情委會主委，可是，黨的小組，黨的支部會議，我卻沒有權利參加——我恢復黨籍的希望，一樣像夢一般渺茫！」

「可是，郭奕民為什麼黨籍又恢復得那麼快呢？容正仁被國特逮捕後還出賣了大批同志，可是他恢復工作關係不到兩個月，便恢復黨籍了，這種不成文怯，我真有點不……。」我悶在心頭的忿懣，幾乎要冒出來了。

「客觀條件不同呀！……」他冷笑了，我也發出會心的微笑。

其實，這些話是我挑逗他的，我何嘗不知道，郭是老楊的宗派心腹，容是他的拉皮條高幹呢。

胡靜波是沉鬱和寂寞的，他常常含笑地走出門去，參加部裡的各種工作會報，他卻常常愁眉苦臉地走回來，他除了歷史上這點「不清白」的污點，飽受人們的歧視之外，還遭受著楊帆及其嫡系幹部，如一室主任石光，二室主任田昆等許多反情逆理的排擠。即使是職位低過他的二室秘書（兼情委）劉然如，也常常藉端排擠他。這種歧視、掛擠毫無疑問是以楊帆為「宗」的宗派主義精神在策動的。

一邊是窮兇極惡的嫡系宗派氣燄迫人，一邊自然是「不清白」的人們暗地裡無形地聚攏起來，用各種曲折迂迴的方法來對抗歧視與排擠。於是，在情委會內，宗派主義的紛爭，便不絕如縷了。因為情委會內的廿多個情委，大約五分二都是「歷史不清白」的，五分一是由李、楊等從老解放區帶來的，既是嫡系，又沒有作過地工被捕自首過的所謂「清白之家」。另五分之二則既非嫡系親信，歷史上又未犯過所謂大錯誤的（但小錯誤是可能犯過的），這些是無所謂的，但這派人中有些可能同情「不清白」者的遭遇，尤其是主委也是「不清白」者，自然更引人同情。可是，有些卻是要站穩了他們的所謂組織立場的，那自然是拍嫡系們的馬屁。在這樣的人事素質基礎上建立起來的情委會，難怪自始至終，吵鬧紛擾，難解難分了。

論工作，假如情委會內沒有這一大批「不清白」的幹部，是可能毫無振作的，因為它是這兩種人構成的：其一是那些原是中共黨員，作地工時給國民黨特務機關逮捕了。被迫自首和參加國特機關工作了，可是後來又如胡靜波一樣祕密與中共組織恢復了工作關係。這種人潛伏在軍統，中統，團統（三青團特工系統）蔣經國青年服務總隊之類特務系統內，陸京士工特系統，和憲兵特高科內，潛伏時期由三五年，十年八年至二十年的時間都有，今天奉令公開列身於共特機關，自然對原來側身其中的國特機關是掌握得非常清楚的，常發現逮回來的國特，是某一情委的老同事，老相識，只要讓他們相見晤談一番，真是形勢比人還強，不管你是個立場怎樣堅決的國特，也不得不照事實坦白了——事實上，不坦白人家也清楚了。其二是那些原是純粹國民黨特務，或者又曾兼充過汪日特務，可是，後來給共特機關吸收了，於是上表面雖仍是國特機關的忠實幹部，實際上卻是共特機關的間諜，這種人的作用，與前者差不多。這兩種人，歷史都是不清白的，可是，對工作的貢獻，卻是最大的，而在情委會裡人數也占了五分二以上，影響是巨大的。

雖然，在工作上能夠與這兩種人媲美的，還有純粹由中共特務機關派遣進國特機關的幹部，這種人，一邊是歷史清白，一邊又是勞苦功高，而貢獻可能與前兩種人差不多，可是，培養這種的幹部畢竟太費力了，所以，在情委會見到這樣的幹部並沒有幾個。

至於論權力，在情委會裡，大權卻落入一批對工作無多大貢獻的，由老解放區跟著老闆到來，驕橫跋扈的嫡系幹部手上。他們騎在前兩種情委的頭上，目空一切地橫衝直撞，有功便屬於他們的，有錯過便該由他人領了。情委會裡五個工作組的負責者都屬於他們，他們的黨支部，黨小組的會議，「不清白」的人們沒有一二成有資格參加。因為，如果沒有恢復黨籍，僅是恢復工作關係，他是不能參加黨的任何會議的。黨的任何會議，對外都是祕密的，而情委會的黨支和黨小組，卻可以檢考、批評、和祕密向黨的上級反映任何人。勢所必然的，他們不但操縱了情委會的一切業務，而且還控制和監視著非黨員的胡主委，使他不能絲毫脫離與違反黨的政策與任務，使他個人像木偶一樣被操縱。

因為對華東各種特工機構之情報業務，負責設計，建制與督導之責，是落在華東社會部的第三室身上。情委會僅負責搜集情報，並立刻給予判斷、整理、執行，因而這五個工作組的編制，與國民黨特務機關有點不同。加上中共是搜集內線情報為主的，對於用道聽塗說，傍敲側擊方法找來的情報，是向來不重視的，而且，是擯棄的，因而，它便集中了軍統系作內線工作有深長歷史的人，編成一個工作組，是武裝保衛性質的，主要對付軍統系工作，由收集、判斷軍統系情報到佈署內線，協助對這一系犯人的初審，這叫做情委會第一工作組。組下再分若干小組，每組除若干名情委外，還有一些普通幹部，但都是該系的內行人物。其他各工作組情況都差不多。第二工作組是政治保衛性的工作組，主要對付CC派中統系與陸京士等工特系統的。第三工作組也是政治保衛性的工作組，但主要對付青年團及蔣經國系及一般雜牌敵特等工作的。第四工作組是對付一般社會情報，尤其著重工商業與經濟金融市場內潛伏敵特等工作，有著經濟保衛的性質。第五工作組對付國境內國際情報對象。

每個工作組內小組多少，是視實際情形而定的，有三四個，有七八個的。我奉調情委會工作後，因我在解放前被逮捕和被管制的機關是軍統系的，照理，我應該列身於第一工作組。但因為我在被管制期間卻先偷偷與民盟、民革等附共民主黨派往還，最後才獲得諒解，設法與共黨組織接通關係，而當時，剛剛因中共要加強對附共各民主黨派的內線控制，所以，組織上最後決定把我調進第二工作組。二組組長是胡主委兼任的，但實權則操在情委兼第一副組長張浩的手裡，我雖然是情委兼第二副組長，但不過是陪太子讀書性質而已，還有情委兼第三、第四副組長呢。我到二組時僅有五個小組，一個是專門針對中統正規組織與幹部而鬥爭的。一個是針對CC系工運特務，如陸京士系工人福利委員會，自由中國工聯，和季源溥的勞工協進會等而鬥爭的。當然，一般性的共黨工特工作是同時由這一小組去加強的。一個是針對國民黨各級黨務幹部而鬥爭的，一個是針對各種所謂反動人民團體及會門而鬥爭的，最後這一個針對附共各民主黨派，各人民團體而鬥爭的——主要在這些黨派、團體中建立內線，祕密監視他們的活動。這個小組長，便由我兼任了。聽說，後來我離滬赴京後、二組逐步增到八個小組。

二組第五小組是不容易攪得好的工作，雖然除了外勤的內線工作幹部外，內勤組員也有七八個人了，可是，由於它的工作的兩面性——表面上不許在友黨內、在親共的人民團體內露出建立中共情報內線的痕跡，實際上卻是大力加強發展內線組織，使附共的民主黨派一言一動，一下呼吸都掌握在中共特務機關的手裡，各級民主頭目們的思想、生活的變化，也每刻鐘被注視著。但假如那一個內線暴露了身分，或露出監視「民主人士」的痕跡，而引起他們的反感時，他（她）是要受到處分的，而且，連小組的組長副組長都要受到批評的。上海是一個有著民主運動的歷史性的地方，雖然紅都在北京，可是各民主黨派的二流頭目，還是很多留連在上海的。

一九五〇年春，我到情委會工作時，民革、民盟、民建、農工民主黨、人民救國會……等許多尾巴黨在上海的機構，有的叫上海辦事處，有的叫滬寧區臨時工作委員會，有的叫華東區臨時工作委員會，下面再轄一個單純負責上海市黨務的機構。但業務幾乎還是全由上面這個機構的人員負責的，除了民革、民盟、民建擁有多幾名黨員幹部外，有些簡直除了招牌和「領袖」（？）之外，不要說黨員、群眾、便連幹部也找不到幾個人來點綴。可是，捧著已被中共「欽定」的招牌的領袖們，便可以在海上盡情招搖撞騙了。

中共是奉信辯證唯物論的，辯證唯物論者是否定絕對的，因而，他們對於人，是不能絕對信任的，那怕對他們的老婆、兒女，那怕對他們的老幹部，一樣是不能絕對信任的，自然，對他們打算利用於一時的尾巴黨，當然不會絕對信任了。所以運用統戰部來「統」之「戰」之還覺不足以百分百地掌握他們時，便只好乞靈於社會部的特工了。

當時，上任移交給我領導的內線關係，也是以民革、民盟、民建為最多，尤其是民盟，我也曾開玩笑地跟張浩談起：「我們在民盟的高級低級內線這麼多，再加上統戰部的內線——統戰部的內線，由統戰部領導，互不照會——幾乎整個民盟的工作，就給我們替它做了。」胡靜波和張浩都具同感。但對於民革，內線關係雖建立得多，中共當局始終還是有點不放心的。因為民革的成分，幾乎儘是失意的軍閥、官僚，和投機政客，既善於拆國民黨的爛污，何嘗不可以又要那一套熟練的翻雲覆雨伎倆，再拆共產黨的爛污呢？上海解放後，各地巴黨都沒有給共產黨找過甚麼大麻煩，可是，民革呢，花樣就多了，首先是拱出什麼民主聯軍的招牌，收繳了潰敗下來的國民黨軍不少械彈，接收酒店、洋房，為了爭權奪利，在南京還鬧雙包案。害得李濟琛慌忙派朱蘊山、周範文南下疏通彌縫，所以後來中共對於在上海的民革臨工會，上至高幹如委員伍藝五，秘書陳印泉，下至中下級幹部黨員如駱鳳麟、朱非員、馬輯南等數十人，都逐步用各種方法祕密組織起來，受情委會二工組五小組的領導，派專人分別跟他們聯繫，要他們經常供恰情報。主要如後：（一）民革的組織活動，與上中下各級幹部的個人活動——個人活動除政治活動外，包括了私生活的一切情況。（二）搜集匪特活動情報。但情委會在什麼地方，是不讓他們知道的，我們只派聯絡員在外面跟他們晤面，把情報收回來，把任務分發給他們。他們對共特機關莫測高深，而對他們自己的民革組織內同志則互相監視著，互相告狀，互相攻訐。陳建晨雖身為上海民革臨工會主任委員，她自以為陸印泉是她和她丈夫郭春濤的親信了，以為對他發幾句牢騷，說說中共這樣給她們過不去，統戰部那樣又不許可她們爽爽快快的幹，要奪這樣權利又不行等等，自以為自己人談談，個中祕密是不會傳到中共耳朵的。那裡曉得陸印泉掉轉屁股，便把這些話當情報送給我們邀功了。我們除立刻向上級反映外，自然同時轉知統戰部參考，在必要時，自然便有反應了。至若有匪特嫌疑分子潛進民革希圖掩護時，也常常逃不過這種情報員的耳目。所以，所謂附共民主黨派，實在是尾巴黨而已。

民主建國會雖然比較單純，但共特內線也多如牛毛，最好笑的是民建中央理事會理事，民建上海分會的常務理事（等於主任委員）身為楊衛玉嫡侄的楊拙夫，解放後他給二工組五小組吸收了，他不但可以將上海民建的一切和盤托出，還把黃炎培、冷遹、江恒源、包達三等一言一行報告進來。他是經常往還於北京上海間的，到一次北京，便把黃炎培在京生活言談報告一次，細至黃公館在一九四九年冬天每天燒了幾多煤，也列成數字報來。我們立刻把它報到中央去，以顯示黃氏的奢侈。而在民建中的反黃派——盛康年父子這一派中，我們也另培養了一批內線，以能接近他們，細察一切才行。所以，華東花紗布公司第二副總經理秦柳方（民建反黃派）利用其嘍囉（當然是民建幹部）和紗布莊、紗廠勾結貪污了多少，經濟保衛單位還未能詳悉，而我們則已先瞭解了。中共這樣如水銀瀉地一般的特務滲進與特務統制，尾巴黨那裡能動彈一下呢。

由於任藝五、楊拙夫等重要性較大，所以楊帆和胡靜波叫我除了交由一個組員專門跟他們聯絡外，最好能多找些機會跟他們直接碰碰面，鼓勵他們堅持我們的立場，作他們民革、民建的內奸。我今天脫離毛澤東匪幫的特務組織，向全世界來控訴毛澤東怎樣以殘酷陰險的特務統治來壓制人民，壓制盟友，壓制黨員、幹部時，寫到這裡，我真禁不住替那些天真的「民主人士」們擔心了。

此外，在華東的各色各樣的民主黨派，和人民團體內的共特內線，雖然多少不一，但組織的決定是，不管對共黨如何親信的黨派、團體，起碼都要建立得兩個以上的內線，否則二工組第五小組便不能完成任務。我於一九五〇年春接任這組織時，「起碼」的基礎已經打好了，我的中心工作是如何再擴大建立與加強領導。而領導的成功與失敗，按照組織的說法，主要便在領導幹部有沒有領導能力，有沒有領導技巧，公式化一點說，便是主要的看你能否正確的掌握著毛澤東思想的工作方法。

毛澤東思想的工作方法是怎樣？空洞的說起來，是可以搬盡一切莊嚴，聖潔的辭句來堆砌的，但拆穿西洋鏡，不過只在這樣的幾個骯髒、污穢的字義裡——欺騙、利用加上威脅、利誘。

首先祭起所謂馬列主義的八寶，把這些僅識得一點馬列主義的皮毛的靠近分子的靈魂奪掉，再灌進蜜汁般的甜言蜜語，欺騙他們說：如果他們肯提高一步，更進一步的向人民靠近，忠於共黨的組織，那麼，他們的前途，一定比現在更光明，更遠大。明白的告訴他們，共黨才是他們的大靠山，他們的民革、民盟、民建……遲早總是要消滅的。那麼，要這大靠山信任，賞識，就要靠他們自己好好的表現，積極的立功。表現和立功之道，除了順便搜集匪特情報外，主要是要他們暗地裡拆他們民革、民盟、民建……的爛污，作他們原來自己組織的內奸了。為了達到欺騙他們上當的目的，每個內線的領導者，就要講究吹牛的伎倆了，牛皮能吹得滿天漲，而又不馬上破，那麼，他縱使不很成功，大約也不致太失敗了。

如果欺騙不大行——所謂不大行，是指某個內線分子工作得不大起勁，工作表現太少，而不是說他們受到共特機關遣派跟他有關係的人徵求他參加工作時，敢於拒絕的。事實告訴我們，只要我們看準了每個尾巴黨派、團體中某個靠近分子可作為情報工具時，只要派遣一個跟他有點私人關係的人去作說客，沒有不馬到成功的。因為每個靠近黨派分子懾於共特機關的淫威，害怕抗命馬上會受到打擊，是沒有人敢於不接受的，何況有些人還為共特機關的權威所炫惑，以為憑空獲此好靠山，對自己總是有利的。因而，一般來說，建立關係總是進行得相當順利的。可是，關係建立後，這些買空賣空慣了的尾巴黨派分子，天天給共特們催著要情報，催著要他立功，表現時，他眉就縐了，他就會悔不當初了。可是，反悔嗎？又不敢，唯一的辦法，就只好以消極的態度，隨便拾些不關痛癢的情報送上，希求敷衍塞責就算了，但最講效率的共特機關，這樣就認為「不行」的。經過一再吹牛、欺騙，還是「不行」的話，又怎麼樣呢？根據毛澤東思想的工作方法，就只好使用威嚇、脅迫這一套了。

威嚇、脅迫這一套伎倆，大約使用於民革的靠近分子，總會生效的，因為，這批人如果真的不接受威嚇、脅迫的話，橫豎過去他們都曾在國民黨當過一官半職，那麼，共特機關一頂帽子戴上去，他就只好鋃鐺入獄，那時，民革也管不了，便是李濟琛親自出馬也庇護不了，而這樣的例子已數見不鮮，難道，他們遇到共特機關威嚇、脅迫時，還不乖乖地屈服嗎？只是民盟的書生，和民建、民促、農工……等等吃左傾黨棍飯慣了的棍徒們，有的恃著本身「歷史清白」（？），有的恃著「為人民服務」（？）已久，有的更恃著有功於紅朝，儼然以「側座」人民功臣自居。於是，有些便不勝共特催迫工作之麻煩而怠工於前，有恃無恐而拒絕恐嚇、脅迫仍不肯積極效命於後，那共特們又怎麼辦呢？

「欲加之罪，何患無辭？」

「他媽的！不聽老子的命，便是反革命！」

到了這步田地時，如果調查過那位尾巴黨派分子，不是由統戰部領導的內線的話——有時也不用調查的——那麼，最常用的一套辦法，就是給予「莫須有」罪名，關起再說了。像民促上海臨工會委員的馬學偉，既是馬敘倫的本家族弟，又是由馬老頭兒介紹進上海市教育局當一席中級職員的。可是，他就在我進情委會之前，為了不接受恐嚇與脅迫而積極當內線，便由二工組五小組簽准楊帆將他逮捕了，罪名當然是「反革命！」事後，不但滬市教育局不願理，便是民促和馬敘倫來函查詢時，也給他們碰一鼻子灰。這個傢伙輾轉過幾個審訊單位，吃盡苦頭，最後送到漕河涇勞動營——集中營——去了。

有時，假如覺得面對著的對象，是值得慎重點處理的話，也許會在「利誘」這技巧上動動腦筋的。但用什麼利來誘他呢？在社會部的預算下撥出一筆錢來麼？共黨對待這種週邊內線分子，便是給他一分供給待遇或一分薪俸也是不可能通過的。共特機關用錢雖涓滴之微，也是考慮再三的。但是，如果你不是在它掌握中可隨意玩弄的工具的話，剛剛它又需要你，錢他是肯花的。假使你又是它求之不得的對象的話，那麼，它是可以在你面前揮金如土的，只是，你既在它的暴力控制下，那怕你有大大的才能，也不過是一個不值錢的工具。因而，所謂利誘，最好是不用花人民的血汗——金錢——的利誘。

不花一文金錢，還有什麼利可誘？有的，在共特機關的算盤上，認為在共黨統治下的社會裡，不花金錢的利誘正多著呢，譬如看中某一對象吧，你只要對他說：「由於什麼，什麼原因，組織對於你可以放寬入黨條件云云。」那麼，他便會頗感興趣了。我從不少工作中，都體驗到這是實情，這個問題，研究起來，倒也頗有意思。本來，共黨在地下工作時代，入黨限制甚嚴，我們原則上是擁護的，因為那是為了防止敵對分子滲進組織內。但那時，不顧坐牢、殺頭，矢志參加地下黨的人，與目前渴求混進「地上黨」的人，用意十分九是兩樣的。前者不管他是自以為追求真理，或一時的受了痲醉，但動機都是純潔的，而勇氣更是可佩的。可是，今天在紅朝統治的地區，日夕鑽營於入黨的人，多數是為了爭權奪利而已，尤其是在專制統治的社會裡，一旦列身於黨員之林，欺壓人民的特權，便可以一天天增多地送到自己身上。有了特權、名、利、財、色都可以獲得了，我雖然參加中共工作有十幾年，可是，過去除了奉調入校學習外，十分之九的時間，過著隨時會被逮捕，坐牢，殺頭的地下黨生活，特權的滋味沒有嚐到過。在這一次工作體驗過程中，才省悟到：在中共統治區，嚴格的入黨限制，就是提高了「利誘」的作用，但為了以此來「利誘」某些人為它效力或效死時，它是可以放寬入黨條件，讓其雀躍三尺，如醉如狂地去效死而不自覺的——像「火線入黨」，便是人海戰術的原動力。——這種市儈主義的組織路線，是違反馬克思主義的精神的，是叛徒史大林及其史大林主義的培育下，庸俗、墮落的毛澤東反動派的狐群狗黨走向自毀自滅的必然的道路。

如果不給他這一項「利誘」，還有別一項不花一文錢的「利誘」嗎？有的，但在共特機關刻薄尖酸的算盤上，對待它握在掌心中的工具，就是不支付它本身的金錢吧，如果要通過它去請求共黨別的機關，或反映統戰部幫助他，使他獲得實權實職的高官厚祿，也是不可能的，較入黨為迅速地，使你現實的嚐到「利誘」的滋味，通常就是立刻通過組織的決定，從四面八方來給你捧捧場，假如你是文化教育界中人吧，解放後自然是致力於改造思想的學習的，那麼，報刊上可能捧你思想改造大有進步，還會請你作一篇自我宣傳文章，批准給你刊登出來，甚至於在必要時，還可以捧你為「學習模範」。如果你是工商界人士吧，或者會捧你為愛國商人，進步工商業家。若剛遇納稅，購債，而你清繳了，那麼，還可以捧你為納稅模範，或購債英雄呢！總之，一旦享受到甚麼愛國、進步、模範、英雄之類稱呼，在專制統治社會裡，眾人皆受踐踏而你獨享榮銜，自然他距離獲得財、利、名、色不遠了，這又是「利誘」之一種。

至於對這種掌心裡工具的最優厚的「利誘」，恐怕就是把他圈為什麼慰勞代表，或者教育文化界代表，工商界代表，直至甚麼地方人民協商代表之類了。只要甚麼代表招牌一掛上身，自然身價十倍，名、利、財、色當然可以垂手而得了。

「正確的掌握著毛澤東思想的工作方法……」楊帆有一天莊嚴地指示著我。

「欺騙、利用和威脅、利誘……」我表面上點著頭，心裡這樣想著。的確，我由一九五零年春天起，直至調回北京止，為了加強領導過去移交過來的尾巴黨的內線關係，而且，還為了要擴大這些關係，除了聽任第五小組的同志們，盡情的發揮這一套外，有時，我自己也親向那些天真的民主人士們，耍了這一套可恥的把戲，然而，我心頭實在是非常難過的，尤其是竺飛問題發生後，我更感到利用主義，工具主義的可怕，所以，後來也就冷淡了。

「你在上海各民主黨派，人民團體中選拔一些忠誠可靠的，而又與現在北京的各民主黨派第一流領袖如李濟琛、張瀾、黃炎培、馬敘倫、陳銘樞、蔡廷鍇、張治中、邵力子、黃紹竑、劉斐等有密切關係的情報幹部——經過相當時間的內線工作考驗的，不論男女，都可將名單開給我，各附詳細自白書一份。你協助二室田主任迅速給予核定，即發給津貼，讓他們自動設法，由他們自己團體中調到北京去——這是中央的命令，你必須絕對保守祕密，迅速完成任務……」。在一個初夏的早晨，楊帆忽然找我去，這樣命令我，又沒有把企圖宣佈明白，開始使我滿腹疑團，後來想通了，再經老田詳細一談，才搞清楚，原來中央是為了加強對各民主黨派領袖的監視，知道逗留在上海的各民主黨派幹部，很多是跟各該派的領袖有著密切關係的，也許中央感到這類幹部不夠用，才向上海「借重」的。

但是，這麼麻煩的任務，是不容易迅速完成的，正所謂日夜寢食不忘地進行，也搞了二十多天才告一段落——事實上只選到了十幾名，其中女的也有幾個。在現在的記憶裡，多數已淡忘了，只記得有一位是劉妙英小姐，十七八歲時曾當過李濟琛的私家女看護，而且還跟他有過曖昧關係，但後來因他太太的吵鬧拆散了，但任老畢竟還算多情，十幾年來還有著藕斷絲連的關係。抗戰勝利後，初期，李氏留連在上海喊民主時，她適在中美醫院當看護，原與一醫生熱戀，正談婚嫁，但卻恰任老幾度慰問，幾番舊夢重溫而引起該醫生反感而拆夥了。劉小姐也在這時黯然離開了醫院，但任老倉皇逃港時，卻沒有帶她走，只托陳建晨照顧她。陳就把她介紹到一家私家醫院裡當看護，聽說她提起任老便悲忿交織，我們組裡派出去跟她聯繫的女同志雲英，對她這一切都瞭解得很清楚了，而且，有一次她還對著雲英咬牙切齒地咒唸任老。這些慘痛的經歷，解放後更激發起她追求「婦女解放」的幻想，於是他也利用工作餘暇，追隨陳建晨參加民革活動了。因為她參加民革活動在半年前給五小組建立上工作關係，她不但報告了陳建晨和民革的活動，連任老親筆寫給她的兩封信，也送到我們這裡來了。她對共黨工作的熱情是火般熱的，所以，當雲英同志向她提出這任務時，她馬上接受了，雲英還指示她，能夠跟他恢復曖昧關係更好，因為這樣子對工作更有利，劉竟興奮過度落下淚來！「這個老油條如果敢對毛主席和共產黨存一絲一毫非分之想，我便啃下他這幾根老骨頭！」後來，雲英同志對我說：「像這樣珍貴的工作關係，你應該跟她見見面才送上她，好鼓勵她一番，更提高她的工作情緒。」一到我和她見面時，除了跟她略談一下工作之外，還告訴她：「曾一度充任過任老的私人醫生的譚守仁博士，是我的朋友，他思想也很進步，對共黨也常露一片忠誠，現在正在北京，任老對他也很信任，可跟他聯絡，慢慢設法，把他也組織起來，那麼，對任老又可以增多一分包圍的力量了。」果然，不出我所料，當我奉調回京後，知道譚醫生也真的給她組織起來了。

在民建，則由楊拙夫選擇了一個年輕幹練的雷浩清，設法徵得黃炎培的同意，調往北京總會工作，針對蔡廷鍇則也調了一位曾任十九路軍高級參謀，失敗後仍追隨老蔡多年，現在也列身於國民黨民主促進會的陳昶和，設法赴京。陳年已五十多，他的侄子是社會部幹部的共產黨員，解放後很快便通過他侄子的關係與華東社會部建立了祕密的工作關係。而黃紹竑的妹夫王加岳原在上海市政府當技正，解放後不久也參加了民革。我參加情委會工作後才跟他建立起工作關係，他雖然是一個技術人才，可是，他對馬列主義理論，卻是向來頗感興趣的，關係建立後，他便很熱烈的參加了工作，當我向他提出新任務時，他很高興，而且，他說剛剛中央交通部有電調他赴京工作，於是他便迅速成行了。其餘對張瀾、馬敘倫、陳銘樞、張治中、邵力子等都選擇了適當人員次第調進了北京，轉移給北京的特工機構領導。毫無疑問，北京這一大批「敬如在」新貴，在重重監視，封鎖下，又加多了一層內線監視網，他們的一言一動，更難逃避毛澤東反動派的掌握了。

「……第二工作組第五小組的工作，從建立關係工作，到領導工作，都曾擴大和加強了。所收集的情報和根據某些情報中所發現的問題而加以處理，都表現得有相當的收穫。可是，從各位同志處理業務的立場和作風上，卻到處暴露著可怕的溫情主義的偏向。這種溫情主義的根源，是因為某些同志在思想上還沒有搞通，他們以為對敵人可以殘酷些，對統一戰線中的同盟者卻可以客氣些，可以不必那麼認真，這是應該受嚴厲批評的。同志們！在今天的工作總結會議中，我不得不強調向大家指出，就是：誰能夠本質上以對待敵人的立場和原則來對待同盟者，誰就是最正確的！誰就最值得嘉獎的！為了完成任務的便利，雖然技術上，形式上對待敵人和友人稍有差別，可是，如果誰把技術上的運用侵犯到原則，形式上的沖淡影響到本質和內容，誰就犯了不可饒恕的錯誤。」

「同志們！你們瞭解了嗎？在處理這類問題上，我們政治保衛工作者的任務是：用對待敵人的方法，用對待敵人一樣高的政治警覺性，來控制、監視任何的同盟者，防止——不，不容許他們再變成敵人。如果發現有一絲一毫形跡，他們會變成敵人的可能，便要立刻處理，絕不允許猶疑！如果在同盟者隊伍裡，發現了一個真正的敵人，那麼，便立刻去殲滅他……。」

「同志們！尤其是領導幹部同志們！從今天起，你們必須肅清觀念中的溫情主義偏向，站穩立場，正確作風，提高技巧，掌握政策，百分百地去完成任務……。」

這就是特務頭子楊帆，在一九五〇年，對於二工組第五小組夏季工作總結會報時的指示。像這樣的說話，在對中共內部的幹部會議中發表，是無所謂的，即使聽者有的感到驚訝，有的感到駭懼，還是不會激起多大的風浪的。可是，像這樣露骨的談話，如果公佈在《解放日報》上恐怕馬上有許多同盟者，尾巴黨分子，無恥的靠近者給嚇壞了。在中共特務頭子的辯證看法裡，原來同盟者是跟敵人一樣的。我們對「友人」那麼殘酷了，可是楊帆還批評我們犯著溫情主義的偏向，難道，還要迫我們對同盟者走上濫捉濫打濫殺的道路才是正確的嗎。

在情委會期間，我除了對本身專任的第五小組業務全神貫注外，對第二工作組的其他部門，因副組長的關係，也不得不有時注意的。如今回憶起來，有些也值得在這裡記一記的。

第二工作組每天綜合各小組的情報，編輯油印成一小冊，必須放下午四時前發出，一份留本組，一份送胡主委，一份分送三室，另五份分送楊帆、王範、李士英、陳毅、饒漱石。後來又增送一份給劉曉，一份報中央社會部。但特別珍貴機密的情報，必須以密電方式，密封呈報上級，而不列入油印冊內，以免洩漏。核定情報編印列報與否，主權全操在張浩手上，胡主委不能兼顧，別的副組長無權過問。我對張浩的專橫，開始是不服，是質詢，是批評，後來便是爭執，最後只好置之不理，其他二位副組長也是差不多。從對中統系，ＣＣ黨幹係，工特系，所謂反動社團，會門團體中各種內線報來的情報中所發現須要處理的問題——決定作監視或逮捕等處理辦法的決斷者，只是張浩，有時，不大重要的對象，他決定執行後，連對胡主委和楊部長也用不著簽請批准，便去執行了，這種專橫作風，常使胡靜波為之瞠目結舌，但楊帆卻是善於事後追認他的所作所為的，如果幹得出成績來，還傳令嘉獎。但老胡和我們呢，如果不「事先請示，事後報告」，那麼，即使你幹出天大的成績，也難免遭受處分的，原因無他，完全是由於他是老楊的心腹幹部，是老楊的嫡系，他才敢「無組織，無紀律」到這樣的程度。

據說，破獲中統系上海潛伏組唐煌案，是張浩不經請准，擅予迅速執行的結果。因為能夠大膽地從發現線索，到破獲偽造人民幣的印刷所，到捉到唐煌，才報告楊帆，是功在迅速。若等待輾轉請准，怕唐煌早就溜走了，所以，老楊不但沒有責備他，反而大加嘉詡。爾後，這種作風，便越來越發展得厲害了。

大約由上海解放，到我離開上海這短短的一年多時間裡，屬二工組工作範圍的特務或嫌疑分子，遭受非法逮捕的不下千餘人，遭受決定祕密監視或公開管制的不下萬餘人。大約初被監視管制者，除一部分交由情委會的直屬偵察幹部或地方情報單位繼續給予跟蹤、盯梢、偵查等祕密監視外，餘則將案移交二室分發各地方管制單位給予公開管制。公開管制是與地方公安派出所與民政機關相配合的，所以，很多國特嫌疑比較輕的ＣＣ黨務幹部，在不知不覺中給予監視或管制時，偶然受到管制者對他懷疑加重而加逮捕，則多由地方公安派出所或分局出面，而非由情委會直接出面，也就是這個原因。像過去曾當過潘公展秘書，國民黨上海市黨部組織科長的皮松年，雖非存心靠近，但卻目擊國民黨大勢已去，亡在旦夕，更因誤信共黨的虛偽宣傳，以為在寬大政策之下，作個順民，苟全性命於亂世，總是可以的。那曉得上海解放後不久，皮便立刻給張浩批交地方單位管制著，不但連職業找不列，離開上海市到國內別處去也不許可。失業經年，典當拍賣殆盡，最後，只好決定，打算偷偷溜到國外的香港。但這計畫和準備，卻給地方管制單位偵察到了，正在他動身前夕，虹口公安分局就把他關進牢裡，飽嚐鐵窗風味後，再放出給予公開管制，每天到住所附近的公安派出所報到一次。這樣同時由里弄小組日夜監視，就連遠程偷跑的可能也剝奪了。到了今年五月大逮捕時，聞又被公安分局關進牢裡，迄今下落不明。這就是情委會地方單位與地方公安，民政機構配合監視、管制的一例。每個公安分局一個情報單位與一個管制單位，都是屬於社會部的，前者屬情委會，後者屬二室，而後來上海市公安部名義上撤銷，便成立了一個公安總局下的社會處，而處下組織，編制與公安部一樣，人事上全由社會部分撥下來，分擔地方工作。

情委會的業務會報，是每星期召開一次的，情委是當然的出席者，各工作組副組長而非情委的，在特許下也可以列席。像我們這樣缺乏發言權利的歷史「不清白」者，還是以少說話為妙的，除非事實上被催迫不過，不得不提出業務上的問題，付諸討論時，才勉強簡單地說幾句話。但是，老楊那些親信們，就好像不多說話，就不足以表現他（她）們的說話天才一樣，動輒滔滔不絕，使我們厭煩疲倦，恨不得藉故遁開。尤其是當老楊也抽空參加會報時，他的徒子徒孫們，便各自盡情表演，希博得他們的老闆的賞識了。

在一九五〇年初春，華東社會部接到由臺灣的地下電臺發來的電報，報告因自滬、寧、杭解放後，半年來地下潛伏組織被破壞殆盡，迫得決定在一九五〇年，再派遣大批幹部，取道舟山，潛進滬、寧、杭地區繼續潛伏活動。跟著那些早就滲進國民黨各種特務機關的內線，均分別由各內線系統所掌握的地下電臺，發來了一連串詳確的電報，軍統系國防部保密局，第二廳，與蔣經國系的國防部政治部等機構內的內線，前後由臺北地下臺，鳳山地下臺，與龜山島的地下臺發來了報告，有的報告了派出的特務的名單，有的連特務們的簡歷，及派離臺北的日期也詳報了。而從中統系內政部調查局的內線，由臺北及新竹等地的地下電臺發來的電報，也報告了內調局亦派遣出一批幹部離臺，一部亦取道舟山，一部則取道香港潛入廣州再轉入各地，名單簡歷也一列列報告來了。同時，中央社會部也有指令急電下來，同樣是指出了這事件的嚴重性。大約，中央派臺的直屬內線，也有同樣報告去了。

這些密電是由華東社會部的幾個呼號不同的電臺分別收到，先送到部的秘書處，呈楊帆審閱過，才批給情委會有關各工作組簽辦的。各工作組經過清查各種國特系統，過去被中共所收集編制的用名及簡歷卡片——這些卡片是按姓氏筆劃多寡順序編成的，多數附上簡歷及社會關係，有些還附上照片。所以，對著電報清查起來，很容易便瞭解了一部分，不能瞭解的，就只有一些新進特務——分別抄錄附注電報後。跟著，舟山的地下電臺也有急電來了，而且，幾通名單，算起來有六十多人，打算於夜間乘帆船分三處登陸，一處在浦東川沙、南匯一帶，一處在錢塘江口金山衛、乍浦附近，一處在寧波附近。三夥人都有各該地的本地人帶路及準備登陸後作社會環境掩護，而且，各夥都配備了短槍，手榴彈，計時炸彈，每人身懷值黃金二兩之川資。這就表明瞭必要時就打游擊，而計時炸彈，據情報指出，是計畫進入上海後，不惜任何犧牲，要暗殺楊帆、李士英、陳毅、饒漱石的。這些來自臺灣舟山的情報，都曾使華東社會部震動起來。

於是，在一個午夜裡，楊帆親自主持召開了一次情委會的緊急會議，討論調派與各種國特系統有關的情委，尤其是那些在軍統、中統、團統、工特系統內生活了十年八年以上的幹部，都要一齊出動，配合公安部隊，到上述三個地點去迎接。開會時，楊帆首先宣佈：這個會結束後，三隊人馬立刻出發。因為剛才接得舟山潛伏在軍統系與中統糸的內線分別拍來的急電，說國特們就在今明兩天的夜間，由海軍登陸艇護送帆船靠岸登陸，除已密電各地嚴密準備外，部裡的人馬必須及時趕到。因而，楊帆要求這個會議，應儘快結束。

可是，恰如上面所述及，那些自命「清白」而嫡系的人們，卻也一如過去，在老闆面前企圖大加表演，渴望抓著這個重要機會，來大大表現一下自己的才幹，好邀老闆的賞識。

當楊帆循例這樣一問：「同志們！你們還有什麼更好的意見沒有？」聲猶未了，這邊站起一個人，滔滔不絕地說了一大篇他的補充計畫，那邊又站起一個人，同樣他滔滔不絕地提供了他的補充計畫，兩個、三個、五六七……個，一部分人的結論這樣說：「我的計畫不但可使登陸的國特被一網打盡，半個逃不了，而且，還可使他們永遠不敢作這樣的冒險。」一部分人的結論這樣說：「假如照著我的計畫，把寧波、金山衛的兩路逮捕起來，單獨放開浦東一路，給他們在我方監視下入市，待他們與市內國特地下機構取得聯絡後，再給予全面破獲。這樣不但把他們一網打盡，而且，還擴大了戰果，使他們殘存的一點未被發現的地下組織，再受到徹底的破壞，這是最好的辦法。」這樣子，你說一頓，我駁一頓，幾乎鬧到天亮了，還沒有結果。我們這些會說話的「啞巴」，固然不耐煩，而楊帆也忍耐下住了，沉不住氣，突然用拳頭捶著桌子大聲說：「天亮了！天亮了！現在要馬上出發，時間不容許我們再亂紛紛的討論了。現在大家用舉手來表決吧，現在統計起來，意見不過有三種，贊同我的處理辦法的舉手！」

這麼一來，誰都可以料到，舉手贊同老楊的辦法的當然占了大多數。老楊看見舉手解決了問題，還怒猶未息地說：「爾後討論問題，大家不能再這樣亂發言了，這算得什麼會議呢？」

後來的結果，卻是並不如楊帆的希望，僅是兩路被截到，一路卻給逃脫了。而情委會內，就為了追蹤這逃脫的一路人馬而亂糟糟地吵鬧了幾個月。根據名單，被抓到的並不多，卻害了與這些名單有點社會關係的人們，飽受監視、管制，甚至被一度逮捕的痛苦。

情委會的工作表現，多是得力於內線的，楊帆曾一再鄭重指出：「沒有內線，就沒有正確的情報！」因而，根據我的瞭解，華東社會部三室和情委會，現在不但繼續在臺灣大陸的游擊隊內培養內線，而且，對國特機關在解放區的潛伏組織，他們是採取一定程度的「保留主義」的——這就是他們對某一國特系統留滬組織雖然已可以掌握，但如果估計它的破壞力不大，而自己已有內線在內活動的話，常常是有計畫的保留它的。等待這一系統國特由別地派來滬時，與它接上關係的增多了，才放棄了對它的「保留主義」，而予以一網打盡。這是最毒辣的鬥爭技術之一。

往事縈徊，傷心倍甚！當我執筆寫這篇文章時，正楊帆、胡靜波、馬福和、周立（高方中前妻）均曾先後抵港。有的正在佈署對臺灣的滲進工作，有的在港從事破壞國特駐港機構的活動，和破壞「第三勢力」運動。而有一二人，更曾狹路相逢過。可是，大家都黯然無言地避開了。我特借此寄語這些得意的與失意的共特老朋友們：「早日放下屠刀，立地成佛吧。雖然淡伯，卻也精神愉快！」

六、華東共特製造所——愚園路×弄三十一號

上海愚園路×弄三十一號，解放前是張君勱先生的民社黨中央總部，可是解放後，卻給中共華東社會部的幹訓班——特工訓練班所占住了。一個乾淨清雅的院子，給兩手染滿血腥的人們接收下來，供作訓練劊子手的場所，憑弔舊物，實在使人無限感慨。

三十一號的門口也正如其他共特機關一樣，門外不掛招牌，而大門緊閉。門後兩個經常扒著盒子炮或卡賓槍的槍機的便衣警衛。進門去是一片陰森森如閻羅殿的氣息，後來為了加強警戒，率性將正門深鎖，除非大員降臨絕不開啟。一般人，都由另外一個弄堂進去的，後門進出，不過這後門還是緊閉著的，要進出，一樣還要等待門內的兩個便衣警衛開了鎖才行。所以古人說侯門深似海，現在，在毛澤東的時代，該是「特門」深似海了。

這樣的門禁森嚴，在別的業務機構，主要是防備外來的國特襲擊，可是，在這共特製造所裡，主要的是為了防止那一批批男女「準共特」，一下不如意溜之大吉。次要的意義，才是防止外來的襲擊的，因為這些準共特們，在訓練的初期，是常常發生逃亡的。所以在解放後初期，幹訓班以三個月為一期，開班時，準共特們在頭一個月是不准外出的，後來改為六個月為一期時，頭兩個月也是不准外出的。而後四個月，也只能在星期假日，被核准後才能外出一二小時，如果被指導員認為有問題的，當然還是不准外出，

那麼重門深鎖，自然插翼難飛了。

楊帆一向是特別重視幹部訓練的。華東社會部幹部分訓班主任一職，他曾兼任了很長的時間。抵上海後，他雖然繁忙百倍，可是他總是經常抽空親到幹訓班來指導教育業務的推進的，尤其是每一階段的學習總結，他不管如何忙得不可開交，還是撥冗前去參加的。後來，雖然名義上由二室田主任代理，而事實上他還是要注意的。不過老田也是個忙人，能經常主理業務的只有該班政治部主任薛福球及教務部主任呂東成，總務部主任姚慶豐。三人中以薛權責最大，各學習組的政治指導員，是他任命的，教授馬列主義的理論教員也是由他延聘的，駐在該班的警衛排是由他指揮的，禁閉室（反省室）是由他控制的。而教務部主任，則是派遣各學習隊的隊長副道長，延騁特工理論教員，特工技術教員，業務實習教員，俄英語教員，以及女特工特殊業務教員。此外如出納、會計、事務與醫療所等則隸屬在總務部下。

薛、呂二人不但是相當能幹的，而且是合作得非常好的，這點我們不能不承認。然而老薛為人，卻有點精悍過火，動輒咄咄迫人。初入學的學生們常思逃亡，除了其他的原因外，這大概也是主要原因之一。因學生一踏進校門，除了戀愛無罪外，便不容許再有絲毫過失，否則，老薛是時常會把他們和她們請進禁閉室，住三數天又放出來的。天真的男女青年們，那裡受得起這種活罪，吃過一兩次虧，很多便熱情消失，但求一自由而安寧的生活了。

幹訓班學生的來源，並不是強迫的，而是誘騙的，說得好聽一點是考選來的。不過他並沒有像普通學校一樣公開招考，而是由各大中學校的黨團支部、工廠機關部隊的黨團支部和所謂進步人民團體如青聯工聯婦聯等輾轉介紹保送前來集中考選的。可是，每期取錄的學生，卻還是以社會部的週邊分子，而又「身世清白」的青年人較多。這些週邊分子，多少總會經過情報工作考驗的，因而，在錄取時，這批人常占優先。而共區一般人因炫惑於共特的權威，每屆投考的人都很踴躍，考不到的人，還不勝嘆惜呢！等到考了進去，經過事實的教訓後，才懊悔莫及。

在上海，每期幹訓班錄取的學生的成份，也跟在蘇北、山東時代稍有不同了，過去曾大量吸收農會幹部，造就農村特工人才。可是，進入上海後，供應大城市的特工人才不敷，重點自然轉移了。為了適應城市性的需求，所以農會分子儘量減少，工會分子儘量增多，一些年輕男女工人黨員、團員，起碼占了每期學生的五分之一。同時，為繼續進行對「美蔣匪特」的特務鬥爭，他們還是一樣重視著培養女間諜。楊帆到了上海有一次還這樣集中了一批女幹部講話：「一個政治保衛機構裡，如果沒有一支龐大而堅強的婦女部隊，那麼，它是不能發揮最高的戰鬥力的。……從無數的經驗教訓裡，我們都已體驗到，許多光榮的任務，最能幹的男同志所不能勝任的，婦女同志卻常常很容易地完成了……所以，組織一向是愛護婦女幹部，重視婦女幹部的！而且，現在我們更是要求無條件加強，擴大婦女隊的！」何況在上海這樣一個花花綠綠的城市，要培養各式各樣的女特工，就地取材是不難的。於是，楊帆面諭薛、呂二人每期考選學生，在錄取女生方面，除工廠女工，及出身學校和來自婦女團體的知識婦女外，每期必須考取五分之一以上的特種婦女學生——所謂特種婦女，是指舞女、妓女、交際花、歌女、舊女戲子（如越劇京劇等）新女戲子（如話劇演員）、電影明星、女侍應生等，經過婦女團體或職工團體的嚴格考查，介紹、保送，才給予考選，大概每期在特種婦女項上取錄最多的要算是舞女。考選特種婦女學生，第一個條件，固然還是政治上的可靠性，但第二個條件就不能不靠年輕和美貌了。第三個條件，除了現在未婚，將來願獻身於革命，非得組織同意不結婚外，有些還乾脆立下志願書，終身為革命為人民不結婚，第四個條件呢，才是起碼的文化水準。

要錄取的學生成分，既然這樣參差不齊，那麼，考試時，就不能統一考試了，何況幹訓班地址戒備森嚴，未經考取的學生是不能讓他（她）進入的。所以各種性質不同的學生，就分開各種不同時間地點來考試了，或借某工會地點，或借某學校教室，試題也分成各種不同程度的，像對工人是一種，特種婦女是一種，知識份子自然又是一種。有時各方介紹保送投考的人數多了，錄取自然就較嚴格了。但在一個獨裁的政黨下，只要頭子們如楊帆、王範李士英、楊光池等一張條子送人進去學習，就連形式上的考試也用不著，就可以名正言順變成「三十一」號的學生了。根據我的瞭解，自上海解放後，幹訓班的第一、二期，每期學生只有百人，三期後增至百五十人。我離開共區後，情況就不清楚了，但陸續增加是必然的。

考取的學生成分，既然這樣複雜，而學習期間又是大家同樣長，只要成績不太差，都可以同時畢業，那麼如何處理他們的學習問題，不是最傷腦筋的嗎？

共產黨的教育機關處理這樣的問題，有著深長的歷史經驗。在薛、呂等看起來，像這樣的問題，是絲毫不感到傷腦筋的，他們會這樣勉強地，同時又似乎很技巧地安排：

一、互助制度：譬如拿著以一百五十人為一期作例來說，大約學生中的文化水準是這樣的：（A）相當於小學程度的約占十分四，約有六十人，多數是工人幹部，特種婦女和少數士兵與指揮員。（B）相當於中學程度的約占十分三，約有四十五人，大約工人和特種婦女中，也有少數是有這種程度的文化水準的。（C）相當於大學程度的約占十分三，約有四十五人，這種文化水準的人，儘是來自大學中，或知識份子的人民團體與機關中。於是他們便把這一百五十人編成五個隊，每隊有隊長、副隊長，及隊指導員等三人，共同領導著全隊的業務學習與思想訓練，每隊編成五個學習組，那麼，每隊三十人，每組便是六個學生了。每組內編進兩名或三名小學程度的學生，再編進三名大學和中學程度的，每組的組長與學委，雖然是學生自己選舉的，是輪換制的，但初時可讓知識份子充任，有責任的去幫助組內文化水準低的同學學習，尤其是理論學習。當政治理論與業務理論——特工理論——的書籍或其他學習文件領下來時，首先是在小組內進行學習和討論的。那麼，文化水準高的學生，便先給水準低的學生，從認字到涵義，都幫助他們瞭解。到大組（隊）討論時，是必須瞭解了應有的階段的內容的，否則，隊長和指導員便要追查責任了——到的是學習者不努力學習呢，還是幫助者不努力幫助呢？希望大家要提出批評與自我批評。假如發覺學習者不努力學習，還是幫助者不肯努力有助呢？希望大家要提出批評與自我批評，假如發覺學習者不努力學習，或是幫助者不肯努力幫助，次數多了，是要受處分的。通過大組討論後，再由專任教員講授一次，這叫做上大課。上完大課後，各組再討論，如果是各隊共有的課目，上大課是集合各隊在一起來上的，像對社會發展史（政治理論）國民黨特務工作發展史，帝國主義特務活動概況（屬業務理論）等是。如果不是各隊共同的課目，如在改制六個月為一期後，前二個月是一般性理論與業務學習，後四個月是分科學習了。分科後，須重新編隊，上大課時，只能有共同課目的才能集中在一起了，否則，只有各隊上各隊的大課，而分科編隊還是不能違背如上述的互助學習制的原則的。這種制度好處固然幫助了水準低的人們，但壞處何嘗不是高的給低的拖慢了呢？但共特的學習機關，既要把文化水準高低不同集在一起，又要他們一齊同時畢業，只好實施這種「拉平」的互助學習制度了。

二、補習制度：補習制度是補助上述的互助制度之不足的，在互助之外，有時還嫌不夠時，共特教育機關，就常常以補習制度來補救了。但幹訓班的學生們，事實上照規定的作息時間表，已忙得透不過氣來了，那裡還能抽得出更多的精神時間來補習呢？可是，那些文化水準太低的人們，只好把午睡時間或其他休息時間與星期日抽出來，共同在一個補習班裡，專習文化——這樣的辦法，有時，也不無小補的。

靠著互助制度與補習制度，共產黨的特務教育機關，便常常把一群幾乎是目不識丁的妓女、流氓培養成了吃人的，作威作福的特務，與文化水準高的學生們同時放出學校。

我與「三十一」號幹訓班的正式接觸，是在一九五零年三月後，那時正是每期六個月制的學生分科後，薛、呂等要我去每星期擔任一個鐘點，課目是：美蔣特務對進步民主黨派的內線活動。這是我內行的，過去，現在，我的精神時間都犧牲在這一點上，所以，我馬上便答應了。而且，只花了一個星期的準備時間，便寫好了一篇約二萬言的講義送過去印了。這種課目，是一部分科系的學生的必修科，它題目雖然是這樣，好像是完全為了對付美蔣特務而研究「敵情」，但事實上，薛、呂告訴我，要我必須在這項課目上，使學生瞭解（一）美蔣特務滲進進步民主黨派活動的情形。（二）進步民主黨派有限度的可靠性，（三）同盟者個別的與整個的轉變為敵人的可能性。（四）政治保衛工作者對同盟者應有的政治警覺性。我自然是依樣畫葫蘆了，講義送過去一個星期後，薛、呂便約我過去上大課。

參加上我這個課目的，只有兩個科系的人，那是情報科與特別科的人。但因為學習情報工作科業務的學生多，編成了兩個學習隊，簡稱為情一隊、情二隊。每隊也是三十人，而特別工作科，雖然是一隊，但卻超過了三十人，這是專門訓練女間諜的。別的女學生，即使是特種婦女；如果不參加這個科系而參加別的科系學習也可以。但有些女大學生，機關團體的女幹部，卻偏有不少高興參加這有刺激性的學習隊。因而統計起來，兩科三隊參加上這大課，也將近百人地聚於一堂了。

我除了與這兩科學生因授課關係，有著深切的直接的瞭解外，對其他兩科情形，他有一點間接的瞭解——另外兩科，其一是執行工作科，有廿餘名學生，女生只有二名，它也編成一個學習隊，是專門研究偵察、跟縱、盯梢、公開逮捕、祕密綁票、狙擊、暗殺、審訊、下刑等恐怖性的執行業務的。其一是通訊工作科，是專門研究無線電通信技術、密碼、無色墨水等通訊技術，郵電檢查技術，與各種傳遞輸送情報的技術等遞送情報業務的。它也編成了一個學習隊，女生比較執行工作科學習隊較多了。

情報工作科，讀者們顧名思義，都可以猜得到，他是專門研究如何去組織情報關係，如何領導這些情報關係去搜集大量有價值的情報，由國內情報到國際情報，由政治、經濟、社會情報到軍事情報等專門業務知識與技術的。而特別工作科的女同志們，除了具備各科的一般知識外，分科後，要專門研究的，卻是：男性心理學、娛樂場所工作技術——這娛樂場所包抱了舞廳、妓院、歌壇、戲院、酒店等一切娛樂交際場所——袖珍攝影機使用法、袖珍手槍、手榴彈等使用法，毒藥、痲醉藥等調配辨認與使用法。甚至玩弄男性的特殊技藝，也有老於情場的女共特來教授他們，這些都是非常有刺激性的。怪不得女學生們都特別感到興趣。一直到他（她）們快要畢業，還有女生陸續申請調到這個隊裡來學習，迫得薛、呂拒絕好幾個人的請求。

「陳同志，根據你這樣說法，各進步民主黨派領袖，也是我們的工作對象了？」一個特別工作科的女學生，在我有一次上大課時，聽我說完了「進步民主黨派有限度的可靠性」時，滿臉狐疑地站起來向我提問題。

「對的」。我肯定地說：「你們畢業後，如果能接近一個進步民主黨派領袖的話，那些，你們對工作是有貢獻的。」

「噢！……」這個女生如有所悟地坐下來。

「嘻！嘻！……我們希望陶雪英同志畢業後，馬上去當李濟琛夫人！」突然一個男生，裂著笑臉向剛才坐下的女生高聲譏笑起來。

「恭祝艾薇同志畢業後去當張瀾長鬍子夫人。」又一個男生向著陶雪英的左鄰女生發出了笑聲，哄堂大笑了。

他們是這樣開玩笑開慣了。我上了幾回課後，這些學生留給我的一個印象，是比軍人、革大中的男女同學的關係，還來得輕鬆而親密。我開始很奇怪，但仔細的研究一下，我發覺了，薛、呂們簡直把「三十一」號變成戀愛窩了。學生們別的錯過，他動輒關進禁閉室裡，但戀愛行為，他們卻是有意放縱的，而且是變相鼓勵的。由入學起，他們卻把男女生混雜同編在一個寢室裡，以每隊為單位，每期女學生約占五分二，總算每隊都有相當數目了。到了分科後，他們還想出一個補救辦法，就是，把特別工作科這一隊女的與執行工作科的男生同編在一個大廳房裡，這不是上級有意是什麼呢？大家都是打著地鋪在地板上睡的，夜裡他們跟她們怎樣「隨地滾」，薛、呂們都不理會，而隊長、指導員也同住一寢室，自然也「隨地滾」了。有人說，連薛、呂這些高幹，也可能參加一份的。我不贊同這種作風。但有個同志對我說：「不是這個辦法，男學生早逃光了。」我才有所悟，稍微對薛、呂等原諒一點。可是，我仍覺這一辦法，對女生學習精神影響太大了。因為，我後來瞭解到，這座和外面幾乎隔絕的院子裡幾乎是天天有人打胎的，她們好像是無師自通了游擊時代的真傳一樣，動務員們每代她們上街購物，一大疊購物單，都是「兩瓶濟眾水，一把見連丸」（這是游擊時代打胎通經的最簡單藥方）。再不行，就只好星期日出外求救醫生了。這樣的生活，對女性的學習精神是大大削弱的。但薛、呂等只求學生們感情生了根，不想逃亡就好了。我還發覺到：在這院子裡，每星期幾乎開兩次跳舞晚會。雖然以學習上的理由，說是給特別工作科的女生予與業務實習機會，但我以為也是太多了。最多兩星期一次也夠了，雖然因這樣的接觸使男女同學玩膩了，感情更深了，但站在執教者的立場，是不應該的。

「靜波同志！我們向組織建議一下改善，改善幹訓班的生活方式好嗎？」我終於有一次，忍不住向胡靜波提出這個問題來了。因為老胡也跟我一樣，是在幹訓班兼任一個鐘點的，他教授的是：「中統系特務組織及活動概況」，是各隊分科後還學習的課目。但他也跟我一樣，上完課便走了。

「事情是應該建議的，可是……」他沉吟了。

「可是什麼？我看見那些天真活潑的女孩子的健康，一天天損害下去，站在組織立場也好，站在人道主義立場也好，都應該建議改善！」我一股熱情地說下去。

「你冷靜點吧！……要建議，最好由王大超、李子輝等開口，他們也在幹訓班授課呀，難道他們不瞭解情況麼？楊部長也常常到呀，你今天早晨去上課沒碰見他麼？他昨天還在幹訓班過夜呢……你還是冷靜點吧！」他冷笑了。

我細味著老胡的話，一股熱情冰冷了，覺得還是不要多嘴好。想通了，幹訓班這樣的生活方式，不但對薛、呂輩管教有利，便是對楊部長調劑生活也有利呀。因為，淫風一開，學生們陪誰度一宵他沒有問題的，否則，女生個個道貌岸然，下手便有點困難了。我又省悟到老楊為什麼那樣念念不忘於來幹訓班。原來除了重視幹部訓練工作外，還為了調劑生活。

這些共特學生們，雖然男女關係這樣放縱，這樣靡爛，但畢竟是生活在一個嚴格的，有計畫，有步驟的特工訓練機構裡，只要他（她）們不逃亡，通過了第一階段——初步學習兩個月，學習一般性的馬列主義政治理論，一般性的業務理論與業務技術。再通過了第二階段——分科學習三個月，除一般性的政治理論外，更深入學習專門性的業務理論與業務技術。到達第三階段——結束內部學習，調班外實際工作部門實習一個月。那麼，一些無知的，天真的，或者是脆弱的青年男女們，都可能變成了一群蛇般毒，狼般凶的人物了。

在第一階段，政治部和教務部的主要任務是向每個學生查歷史、查思想。填過表格，寫過一次比一次詳細的自白書，跟指導員作過個別談話之後，班方便根據學生們出身的階級成分，與參加社會工作的經歷，首先在各隊中分成兩部，一部是訴苦，一部是坦白。

訴苦的多是過去所謂被壓迫的人們，像工人、特種婦女，出身工農階級的戰士和指揮員等，尤其是讓那些沒有參加過組織的人，聲淚俱下地控訴被地主、買辦和「美蔣匪幫」的迫害，訴述自已被迫害的過程。因而，結論都是唯有跟著毛主席和共產黨走，學好政治保衛工作的本領，願犧牲一切，打垮「美蔣匪幫」。用這樣的方法，對加強掌握這部分學生的心理，確是有用的。

而和這些人剛剛對照著的，是要那些出身地主、商人、官僚或者稍有點資產的家庭的人，或者又曾參加過一點反動工作的人，尤其是那些沒有參加過組織的人（參加過組織，都曾坦白過）毫無保留地坦白出來，由控訴他（她）的父母，到控訴他（她）自己，承認錯誤，願意立功贖罪，假如被認為不夠坦白，那麼，不知要坦白多少次。

經過各隊的訴苦和坦白之後，便集合各隊在一起，訴苦者站在一邊，坦白者站在一邊，要訴苦者與及要坦白者都預先由政治部指定，大約要訴苦者是被認為典型的被壓迫者，通常是妓女、舞女，工人等多。但被指定在全班同學面前坦白的那些人，不是被認為不夠坦白者，便是被認為罪大惡極者了。上面指出，初期要逃亡得最厲害的便是這些人，倘他（她）們一再被認為不夠坦白時，政治部是會隨時把他（她）們關起來的，情況嚴重時，會送到班外的監獄，甚至被祕密處決。

同時，一邊學習著社會發展史，學習辯證唯物論，論新民主主義，論人民民主專政，中國共產黨簡史，一邊便進行查思想，考驗你的勞動觀點。如果發現你的思想不正確，缺乏勞動觀點，或者只會嘴裡說，不會用手作，而又一再糾正不過來，那麼，政治部又隨時會把你關進禁閉室，嚴重的把你送到江蘇路「政訓班」（長期的反省院）或漕河涇勞動營（集中營）去，這樣是被認為思想頑固反動，不堪改造，或者是小資產階級劣根性太重，反動意識太濃厚，應予長期教育改造。有些，如果在政訓班或勞動營表現得好，又可以被送回來參加下一期學習。總之，踏進此門，自由喪盡，怪不得初期要紛紛逃亡了。

第一階段的兩個月過去後，查歷史，查社會關係，查思想，查作風，查勞動觀點的最緊張階段總算過去了，那些所謂馬列主義的基本理論，總算學習過了，國民黨特務工作發展史、世界帝國主義的特務活動概況、列、史、毛、論政治保衛工作也學習過了，和各種簡單的業務理論與業務技術也學過一點點了，於是乎，便通過了考試，總結的手續，分科學習，再編隊，再編寢室——這點是很有趣的，學生們叫做「換新房」，因為，很多原來「隨地滾」的「對象」變換了，編到別個寢室去了。

第二階段的學習生活，除了專門研究上面所指出過的業務技術，和繼續學些黨八股政治理論外，這裡還要補充一點，在這階役，各科要學習的業務理論如下：現階段國民黨軍統系特務組織人事及活動概況，現階段國民黨中統系特務組織人事及活動概況，蔣經國系特務組織人事及活動概況，國民黨工運特務組織人事及活動概況，美英特務機關在中國的活動，匪保密局潛伏組織破案範例研究，匪黨通局潛伏組織破案範例研究，匪蔣經國系潛伏組織破案範例研究，匪陸京士系潛伏組織破案範例研究，美特破案範例研究，美蔣匪特活動的一般規律，加上我講授的那個課目。這些課目，使這一大群無知的，對美國和國民黨情報機關毫無瞭解的人，大開眼界，如處身於對方的情報機關中，使他們知道，這個表面上看來平靜無事的城市，或者是一條表面寂然無聲的弄堂裡，但實際上，裡面不知包藏著多少劇烈的鬥爭事件，或者竟蘊藏著一件翻天覆地的陰謀正待爆炸。這對提高一個特工的政治警覺性，對加強對「敵情」的瞭解與掌握，對正確瞭解每個特工對情報工作的認識與概念，都是非常有利的——退一步來說，即使他們編輯這些小冊子，是有一部分並非根據事實，或者是全部偽進虛構，但從培養一個特工來說，總是有很大作用的。

除了上述一般性的特工理論外，情報工作科所專修的業務指導理論如後；怎樣保衛黨的組織與黨的祕密，武裝保衛工作綱要，經濟保衛工作綱要、論工作關係的建立與領導、論政治保衛工作中的內線鬥爭，地下工作綱領與工作技術，編報業務手冊……。這些編了號數的文件，小冊子，是不准攜帶外出的，情報工作科的學生們，三個月把它學習完，也頗為辛苦了。可憐特別工作科的女生們，除了情報科所要學的這些業務理論指導大部分她們要學外，他們還要學習「男性心理學」那一套鬼東西，還要打胎，難怪她們的健康都大受影響了。

至於執行工作科與通訊工作科，除有關執行工作的業務指導說明文件，與通訊工作的業務指導說明文件外，情報科所必修的業務理論，他們這兩隊所要兼修的很少，而他們的大部分時間，著重在業務技術的學習。

不論那一科系，在學習過程中，文件的學習與真實際業務的實習，都被看得同樣重要的。因而，執行科的人們，有時便必須由隊長，指導員領導著，集體出去，到青白小學或其他刑訊機構去實習下刑，到街頭去實習跟蹤、盯梢、陪著行動隊去捉人，到審訊機構去助審，還未出籠，就無惡不作。至通訊科，除了到華東社會部的幾個電臺去向老前輩們見習見習收發報業務外，多數時間，還是留在院子內，因院子內是有幾部實習的收發報機的。

五個月過去，經過考試總結後，第二學習階段，可稱結束了，可是，如果在第三階段——一個月的實習階段，假使接受分發實習的機構的報告，與教務部、政治部派去調查的人員的調查報告總結起來，說某某人還不行時，也許他（她）還不能畢業的。

「……現在，我真的翻身了！我的思想真的搞通了！過去，我許多年來，在舞廳裡給有錢有勢的人玩弄、侮辱、糟蹋，那只是為了自己的生活。從今以後，為了人民、為了革命，我願意隨時犧牲我的青春，我的肉體，甚至我的生命……。」當我被許多意外的事情襲擊著，正要託病住進醫院，設法離開上海前，薛、呂約我參加了幹訓班學生的畢業禮，當我無精打彩的被引進會場時，在臺上興高彩烈地這樣自說自道要終生賣身給共特機關的，正是年紀輕輕的艾薇。使我想起了十多年前，自己在延安的一次送別會上，何嘗不是這樣興高彩烈？但看透了毛澤東匪幫的把戲後，只有替這些年輕後輩可惜而已。

過了一些時，我住進了員警醫院，幾個男女學生跑來看我，說他們全體都獲得畢業了，都分發工作了，有幾個臺灣籍同學，還派去臺灣工作呢。唉，這「特工製造所」又輸出了一批貨色了，我不禁黯然。

像這樣的，專門將好人，教導成壞人的，將天真的青年男女，製造成擾亂世界秩序的毒蛇惡獸的「共特製造所」，我是應該向自由世界公佈的——我由躺在醫院，一直到現在，我都這樣想著，現在我終於執筆了。

七、在黯淡的歲月裡

北平城，這八百年的古都，雖然早就在我的腦海裡充滿了誘惑，可是，一直到了它「解放」後，我才看到它。

我是在一九四九年的初春入城的，當時，凜冽的朔風，已經過去了，綠芽正吐出在枝丫上，中南海的花草樹木，正爭紅鬥綠地茁長著，和暖的陽光曬在大地上。有些從松花江上來的朋友說北平真可愛，這樣的天氣，在松花江上是暮春時節了。

我對山水園林有著熱烈的愛好，可是，這一次到了這世界有名的古都，由於心情異常惡劣，都使我對這些嚮往已久的遊覽的目標，興趣索然！頤和園就一直沒有去過，中南海因為是中共中央辦事處，不能不看到，皇城、宮殿，和北海，也不過偶然涉足而已。有朋友問我印象如何，我啞然失笑，只說出一二句話：「只希望以後的統治者，不要再這樣窮奢極侈地浪費人民的膏血來享受便好了！」但北平毛氏專制皇朝，建立還不到一年，卻又到處大興土木了。人民永遠是阿斗，是待宰的羔羊，統治者不管托著什麼招牌——不管是托著國民、人民，或工農的招牌，到頭還不是將老百姓踢倒地上，瘋狂宰割而已。像元、明、清三代封建皇朝的大王八們，榨天下之膏血，凝積其金壁輝煌之宮殿，人們欣欣然覽賞其堂皇富麗，我幾疑其紅牆綠瓦，朱門赤柱均為億萬農民之淋漓血淚，如果這些亦可表現一點民族文化遺跡，建築藝術之偉大的話。何嘗又不是表現了三朝窮兇極惡的統治者，宰割人民的可惡和可恥！

在那黯淡的時光裡，我的心房，充滿了馬耶闊夫斯基式的失望和悲哀，有時簡直像他自殺前那一剎那的心情一樣，頹然欲倒。

聽說，柳亞子先生也曾寫信給他的一位女朋友說：「雖然有許多不如意事，但我仍希望不致像馬耶闊夫斯基一樣，在革命成功後自殺！」這「希望不致像」的希望，是多麼的痛苦啊。亞老是詩人「騷客」，在北平的一群「敬如在」貴賓中，他是最不滿現實者之一。

請問：當你以為這裡是理想的天堂。走進去時，卻是人間地獄，你能不頹然欲倒麼？

請問：當你相思了、追求了十年廿年的通訊戀人，以為她是絕代美人，一旦結婚，揭開面幕，卻是一個吃人的母夜叉，你能不頹然欲倒麼？

八、特務化的招待制度

先從招待說起吧。

一九四九年初，北平「解放」後不久，各民主黨派人士，在中共統戰部的分化誘惑下，由四方八面雲集北平，準備參加籌備所謂新政協。其他各種的人，如左傾文化人、電影明星、國民黨投機分子、中共舊黨員曾在某種環境下與黨脫節者，均因平津「解放」對外交通便利，易於前往，又當中共全面勝利在望，中共在甜言蜜語的誘惑下，均各存不同幻想，如潮水般湧到北平，於是，「招待問題」便空前的繁重起來了。

中共的招待制度，可以說是，「由來已久」了，由江西到延安，由延安到石家莊到北平，這制度由簡陋而完備嚴密地建立起來。一城之中招待所林立，黨政機關各部門有各部門的招待所，工，農，文化團體也各有其招待所，招待所中最重要的當然是相當於「准拘留所」的公安局招待所，和統戰部交際處的招待「外人」的招待所了。

公安局招待所當然是完全由特務負責的，被其招待的客人，隨時有被轉解拘留所與送上斷頭臺的可能，被招待期間，每個客人一言一語與一行一動，都可能是特務們的情報資料，情況嚴重者行動也喪失自由，形同囚犯。而名義隸屬於各省市政府的交際處招待所呢？看起來，表面似乎沒有這麼嚴重，但實際上，每個交際處的組成，是由黨方的統戰幹部和社會部的特務們混合組成的。統戰幹部不過做做普通的聯絡工作，社會部的特務們才是機關的主宰，每天進出多少人，這些人的詳細歷史，思想言行，社會關係，都由招待所的「僕歐」們每天調查研究後，以情報方式遞進所在地的公安局社會處去。假如發現你稍有可疑，「僕歐」們便集中注意你了，出有跟蹤，睡有侍候，使你不勝其煩。假如一言不慎，發了半句牢騷，一二天內馬上便有反應。那些「僕歐」們當著你面溫言柔語，客氣非常，但無論如何，使你忘不掉，你是處在一個「軟性牢籠」裡。

「中共的招待制度，是建立在它的特務統制的整個計畫裡的。」這句話一點也不錯，難怪毛氏專制皇朝宣告成立已一年多的今天，那些已榮任了甚麼副座部座委座的民主人士們，還成批被招待在飯店（招待所）裡，而未能配得公館，散開居住，無非是便於管制吧了。」

北平的交際處，當然也是由中共中央統一戰線部和社會部複線領導的，社會部的特務們作了這機構的骨幹，每天搜集著大批情報送回去，上至各黨派領袖如李濟琛，黃炎培等，下至住在前門外小旅館中的文化界小嘍囉，無不在監視、調查、報告之列。

交際處長期包下了北京飯店，臨時包用過六國飯店、中國旅行社，另外幾個小旅館也是長包下來的，翠明莊是長期佔用的。客人一到，便搬進飯店，一切旅居設備齊全，開始是會感到寫意的，但當你慢慢感覺到有人在監視著你時，你才不得不煩惱起來，「悔不當初」了。

據說，中共是講理的，但許多左傾人物，一到北平，遇到處理「招待問題」時，便覺得中共並不講理，當時，除了臨時包用的六國和中旅不計外，住在北京飯店是一流的，翠明莊是二流的，其餘小旅館是三流四流五流的。被招待的人，大多存著不「京」則「翠」的幻想，因為有些前門外的旅館，設備既差，離北京飯店又遠，出無車，食無魚，故被稱為五流招待所，蓋住既不同，食亦各異，一流者食特灶飯，二流者食小灶飯，出有車，三四五流者，或中灶，或連中灶不如者，不少馮諼之流，常喊：「長鋏歸來乎！」如詩人戴望舒，向以名教授作家自居，舉家入北平，蝸居前門外一五流招待所中，一日，步入翠明莊，見舒繡文之流蹩腳影星，儼然為二流客。回寓後逢人便長太息者再，便是最好一例。還有若干左派名教授，進步學者，也不知經幾許旁人交涉，才獲遷進四五流招待所中去，而影星張瑞芳，舞蹈者戴愛蓮等居然開房於北京飯店，實在令人費解。但有一天，在北京飯店的一個盛大的跳舞晚會上，看見周恩來、李維漢等緊緊摟抱著舒繡文、張瑞芳之流狂舞狂跳之時，便恍然覺悟到所以老朽詩人、教授之所以不如影星、戲子的原因了。

為了加強各招待所的特務統制，中共社會部除了多派特務幹部充各招待的高級「僕歐」外，還要輪班調訓各招待所（酒店）的低級「僕歐」——各酒店原來的職工，表面上說是給予民主的，科學的管理方法的訓練，清潔、衛生的知識，應對進退的禮貌，其實，這種調訓，在消極的意義上，是精密檢查各職工的歷史、思想、言行，是否配為「人民服務」，如稍有不妥的嫌疑，輕則被開除，重則被扣押，北京飯店「僕歐」被開除，扣押者不下三四人。而在積極意義上，毫無疑問，是施予特務技術訓練。

所以表面上，民主人士的行李搬進酒店是無須檢查的，但當你進樓下飯堂吃飯，或上街一行時，你留在房中的全部行李都被檢查過了，你帶了有多少黃金、美鈔、現款，或者可以記賬的財產，都給你清算過了，你所有的來往文件書信都被檢閱過了，重要的，甚至給袖珍攝影機拍攝了，所以，當發行公債時，某靠近份子，雖外表裝窮，但始終被推銷者盯著，結果，被敲了一筆大竹槓才止。這些僕歐們的神通是廣大的，他們有著一大串各式各樣的鑰匙，他們在你神不知，鬼不覺地檢查你，監視你。

北京飯店電話總機裡，除了接線生，外還有一個精通速記學的「助手」，經常聽筒貼著耳朵，手指不停地速記著，那些「民主人士」在電話中一句不妥當的談話，都會有人給他記下來。某靠近份子好色如命，雖不敢多教其女友赴酒店聚談，輒去電約晤，或命伊等來電約晤於外，自以為可遮人眼目，豈料一二月後，「統戰老爺」忽約其談話，說他有來歷不明之女友若干，住某處，電話幾號，其中恐有不良背景，請他整肅私生活，免致受累，聽者啞然若失。

假如你要到北京飯店去採訪一個民主人士的話，你會感覺到，比進特務機關的拘留所探一個犯人還要難，你還未走到大門口，就有人攔阻著你，經過武裝警衛、交際特務，一次又一次的盤問之後，才准你登記，一句不合，便不准進門。交際特務們常常說：「某先生很忙，若非萬分要緊的事，可不必見面……」。但假如你是我統戰部的連貫、齊燕銘之流的話，他們便馬上通傳，毫無阻難，這表明瞭甚麼意義，讀者一想便知。

調集給交際處招待所服務的小汽車有好幾十部，每個司機都受過特務訓練，注意乘客的言行去向，每日報告，所以民主人士們出外，雖然不如一般所傳者一樣，公然派人監視，但假如你乘汽車外出的話，司機便是你的監視者了。

北京飯店的房間，是寬闊華貴的，假如不是生活上的重重拘謹，一縷縷的似有似無的束縛，暫時住在裡面是相當舒適的，但人之所爭者自由，人之所貴者自由，到了兩者不可兼時，自然是捨舒適而求「自由」了，所以張治中很快便求周恩來批准他全家遷到外面去住，固然，離開招待所不會是得到真的自由，但總比較好些卻是事實。因為派到公館去「保護」的幾個特務警衛，其職權是不能升堂入室搜查的，他們也不能一手遮天地拒你的客人於門外，也不便日常明目張膽地跟蹤監視你，但能夠像張治中這樣的有幾人呢？在「中央人民政府」成立前，簡直少到了極點，「中央人民政府」成立後，能夠在外面成立公館的也不多。而大多數窮民主人士得搬進這「軟性牢籠」還認為是幸福非常，若非中共配給，縱使「中央人民政府」，准予遷出，也是無能為力的。

九、闖王進京的重演

明末崇禎年間，由於腐化的朱家封建皇朝，貪污無能，橫徵暴斂，到處迫著良善的農民，鋌而走險，加上連年災荒，乃釀成了到處爆發的農民暴動。這些恰如萬花筒一樣的無數的農暴隊伍，有的由於客觀條件的不利，有的由於領導者的錯誤，漸漸被淘汰了，有的被敵人擊潰了，有的被瓦解，被兼併了。而李自成的隊伍，雖曾迭受挫折，雖曾遭受到異常惡劣的厄運，（如逃匿伏牛山中的一個時期）可是，他終能克服一切困難，使隊伍逐漸成長、壯大，終於拿下西安，穩定了基礎，再取道山西，打下北京。其原因，雖有若干與眾不同的客觀上有利的條件，但無可否認的，李自成打下北京以前，主觀上還有一個與眾不同的有利條件，就是：他能「與士卒同甘苦」，他能夠「布衣粗食，不好酒色。」

可是，他拿下北京後，給勝利沖昏頭腦的李自成，便不知覺下喪失了這有利的條件。享樂主義的念頭油然而生，更加上他的高級幹部，牛金星、劉宗敏、宋獻策、宋企郊等人，享樂主義的情緒洶湧澎湃。於是，明朝大將吳三桂的美妾陳圓圓，便變成了他們「享樂」的第一個對象。姦占陳圓圓和百官妻女、民間佳麗是上層的享樂方式之一。闖王還下令將兵分駐城中各排、甲、令中，與民混聚，讓官兵任意姦淫良婦，掠奪民財。這大約是下層的享樂方式之一。明朝降官三品以上八百餘人，盡被拘押，酷刑銬打，追贓迫財贖罪，這是享樂主義發展必然的結果——貪污，搜刮！其他上下看齊的享樂花樣，搜刮花樣，不勝枚舉！

這種情緒，這種作風，這種思想路線，現在的人稱之為「李自成思想」。

這「李自成思想」使已願降服的吳三桂，在被侮辱與被損害的怒焰下借清兵入關，搗碎了闖王的皇帝夢。

這「李自成思想」使官兵上下包袱重過武器，銳氣全消，一擊即潰，使闖王兵敗如山倒，無可挽回，終有九宮山自殺這一幕悲劇出演。

「毛王進京」後雖曾假惺惺的喊過：「肅清李自成思想！」可是，「李自成思想」卻正是在毛王的思想裡，在毛王的生活裡首先生長出來，由上而下地，通過了今世牛金星——劉少奇輩繁殖開去，發展開去，像春天的綠茵般長遍全黨。這從何整肅起？！

照馬列主義觀點，從階級成份來分析，毫無疑問，毛王的享樂主義情緒、意識形態，是必然會比闖王濃厚的。闖王出身於貧僱農之家，自小飢寒交迫，刻苦自勵的持久性自然比較強，而毛王出生時，他的父親已經是一個反動富農了。毛王從小即享受一點農村小資產階級的物質溫暖。所以闖王占西安，掠陝、甘、寧數省，成一小康局面時，還能布衣粗食，不好酒色，與士卒同甘苦。而毛王在萬里逃亡，苟延殘喘於延安後不久，由三、二萬殘兵敗卒發展到一、二十萬擁護他的僱傭武裝後，由迫走張國燾，削弱陳紹禹，收買徐向前，由無數宗派鬥爭中佔優勢而鞏固他黨內的領導權後，其形勢雖還不如闖王據西安之當年，但其腐化的「李自成思想」卻已油然在他思想中和生活中茁長了。

回憶當年，在一九三七——三八年間的延安，毛王為了欺騙群眾，欺騙青年——我也是一個被欺騙者之一——確曾「布衣粗食」過，那時，上下一律大灶飯，在抗大和陝公的學生，也可以看到羅瑞卿和成仿吾吃的伙食，確與學生差不多。可是當局勢稍微穩定後，他便喊出反對平均主義來了。他自覺我王口尊貴，應吃保健飯，牛金星——劉少奇以下，便亦逐級改變，乃有特灶、小灶、中灶、大灶之分，同時，又覺賀子珍不足以娛我毛王了，乃不顧黨內外無數批評，非議，伸出一雙污手來攬影星藍蘋，追求享樂！追求腐化！開始朝著「李自成思想」的道路奔馳了。

在延安時，毛王已領導著全黨開始了享樂，腐化的「量變」；進京以來，事實告訴我們，毛王已領導著全黨走向享樂腐化的「質變」了。李自成思想高度的發展著，劇烈地腐爛著全黨的組織，腐爛著每個毛澤東反動派的幹部的生活。勢所必然的，也會走著闖王一樣潰敗，自殺的老路。

請看下面這幅簡略的腐爛圖：

「毛王進京」後給五光十色的北平城迷惑的眼花繚亂了。更加在毛后江青（藍蘋）似還有點肺病的時候，他的享樂對象豈能不多方面發展麼？但由於江青馭夫有術，而且，厲害非常，毛王的太監們，如田家英等，只好祕密的給他在外物色幾個年輕貌美的姑娘，不到半年，竟在東城西城都設起行宮來了，當時「東妃」只是一個十七八歲的小姑娘。毛王為了減少江青的監視，曾勸她離宮養病，但去冬江青卻微有所聞了，乃召田家英責問，給田一耳光，罵他皮條秘書——時田任毛王秘書——大哭大鬧，結果，田被貶西南軍政委會了事，毛王赴行宮曾一度稍疏。

今世牛金星的劉少奇，更是色中餓鬼，他喜歡的女人很難倖免，進京不及一年，就在外安置小公館，還為了誘姦一個幹部的妻子不遂，而藉故將他殺害，鬧得烏煙瘴氣，滿城風雨。周恩來這個風流種子，更加公開的宣淫，隨時隨地，不管什麼交際場合或會場裡，你會碰見周白臉在擁抱著那些陌生面孔的小姐太太，狂跳熱舞，或在摟著腰兒，在會場的邊緣，在園遊會的樹蔭下，呢喃細語，不管她是學生，女幹部，或者是影星，戲子，都可能跟他往來一陣後，惹出離婚的悲劇。但老周卻又礙於鄧雌老虎也是個女要人，不便離婚，也不敢大膽設小公館，只好朝秦暮楚地隨玩隨拋。俗語說：上有所好，下必甚焉，中共的其他高級幹部自然也向毛、劉、周看齊了，中級，下級也會向高級學習了。例如，一個北京市公安部的特務頭子，藉著辦張蔭梧案子的機會，就把張的一個姨太太姦占了。

本來規定黨員必須報請組織審查批准後，才能結婚，否則，組織不但不予承認，而且還可用違反黨紀來論處。假如這規定能徹底的執行，中共黨員幹部要攬上三妻四妾是不大容易的。但進京後，毛澤東反動派的中上級幹部們——一群黨內最有權有勢的棍徒們，他們攬到一個女人，既瞞著妻子，還瞞著組織，他們也唯妙唯肖地模仿著毛王設行宮的辦法幹，橫豎他有他的是接收洋房，霸佔民居的辦法，不怕沒有金屋去藏嬌。而且，貪污財物也大有辦法，自然是不在乎組織這一點一滴的供給了。所以，毛王進京後，小公館林立，是北京市最大的特點之一，其風氣之盛，較國民黨時代尤有過之。這些情形，假如被組織察覺的話，如果他的人事關係還不算太壞，那麼，他可能被眼閉眼開的辦法放過。

毛王進京後也仿效闖王當年的分兵駐城中各排、甲、令的辦法，在天津實施起來。津市小市民劉某，曾任市府小職員，夫婦暨小孩二人住於一座二層樓上，卻給解放軍的一個排長帶著一班大兵住占著三樓，也許是在執行毛王的愛民政策吧。士兵日夜吵鬧唱叫，而且常來借東西，不勝其煩。那排長也不時光臨座談，問生活，查歷史，究往事。劉本人為生活奔忙，早出晚歸，劉妻恐怕被吹毛求疵，夫妻將有不測之災，只好在權勢面前，曲意奉承，盡力敷衍。不久之後，劉某發覺他的太太抵擋不住那排長的威迫利誘，竟給他強橫地姦戀上了。好好的家庭被毛王的「愛民」政策弄垮了。如此之類的事件，市內到處層出不窮，一群饑狼餓虎般的官兵，同居一樓一室，財物被光顧更屬平常了。

當平津工廠紛紛倒閉的時候，平津花紗布公司的門前常常鵠立著成群的軋花廠、紡織廠的經理和代理人，因為他們呆板地迷信著毛王扶植民族工商業的謊言是真的，他們有的渴求貸款、貸原料，有的乞求照布價收購成品，申請書如雪片般送進去，但得到的答覆卻是「靜候處理」，而辦法則是：政府選擇信用好、出品好、技術好的先行援助。可是，這些條件是有伸縮性的，唯一無伸縮性而有決定要素的只有「人事！」假如你找到有權有勢的毛、劉反動派的棍徒們給你撐腰的話，假如你大開紅股送給這班棍徒們的話，那麼，你不但可以獲得貸款、貸料、收購成品、加工等援助，而且，尺度放寬，使你獲厚利，此外更可助你順利解決一切勞資問題。否則，你只有等待倒閉，給工人清算、懸樑、跳海。

其他國營皮毛公司、油脂公司、茶葉公司……數不清的專業公司中，其作用，無非是壟斷生產、壟斷運銷、操縱市場，扶植新官僚資本，打擊、消滅正當的民族工商業資本，在廣義上是使毛劉反動派的大頭目們變成中國新托辣斯獨佔寡頭，配合著假借公有名義，霸佔爭奪而去的廠、礦、農、牧、漁、鹽等業生產工具，使他們更殘酷地取蔣、宋、孔、陳的地位而代之。這架空前絕後的壓榨機，更高度、更嚴密、更惡毒的壓榨著五億人民的膏血！

十、中共統戰部

當汪精衛在南京主偽府期間，在日帝與偽府之間，有一個影佐大佐聯繫著。偽府的一下呼吸，一聲呻吟，一行一動，均照影佐大佐牽線而行。所以世人稱汪記偽府為影佐班傀儡戲。偽府的官兒們只要一見到是影佐機關的蟹兵蝦卒，便要畏敬三分。

現在，在北平，人們一看見中共中央統戰部的頭目們，如羅邁、齊燕銘、連貫等，便禁不住聯想起日偽時期不可一世的影佐機關來。因為，那批所謂民主人士們，雖然榮膺其上副主席，中央人民委員、部長、院長、三類要職，但是，一篇聲明，一次演說，一舉手贊成，一投足否決，都遵照統戰部拉線而行。在人們的感覺裡，所謂民主黨派也者，不過是統戰班的傀儡戲而已。

當所謂人民政協開會前後，中共中央統一戰線部部長是羅邁。羅是毛澤東湖南同鄉，是共黨內有名的特務頭子之一。他原名李維漢，羅邁不過是筆名，黨名而已。齊燕銘是秘書長，也是著名的特務頭子之一，對社會部那些情報業務非常熟練，為人沉著陰險，十分陰謀。連貫是我粵省同鄉，我自少年時在他荔枝角道寓裡進出慣了，他為人固執，但卻有點才幹，給廖承志、周恩來看中了。他是搞統戰工作起家。任何民主黨派，沒有不知道他的，他從前在港用連城壁名，後來才改稱連貫。

中共統戰部的組織、歷史、和任務、我想應該談一談。

當一九三六年三七年間世界反共勢力達到高潮時，蘇俄的對策，除了加強本身的軍事、政治、經濟各方面的備戰準備外，對外的政策，在所謂領導世界革命卓越的戰略家季米特洛夫的策畫下，有著顯著的修正，其中一點便是命令各國共產黨，展開反帝反戰的統一戰線工作，——殖民地，半殖民地的國家內的共產黨，寧可放棄其反對執政黨的一貫作風，要求在反侵略區共同點上成立同盟。而對其他政黨，則爭取國內民主，爭取開放政權，建立同盟。在法西斯國家內，在英美法等資本主義國家內的共產黨，主要是聯合起國內所有在野黨，甚至分化執政黨內部，爭取附和者，在反戰反侵略這基礎上建立同盟。其他政見可以不計較，以削弱政府，包圍政府，使反蘇戰爭延緩或被遏止。同時，還可援助殖民地，半殖民地的民族解放運動，以削弱整個資本主義陣營的基礎。

中共在接到國際的命令後，遂發出：「停止內戰，由國民黨領導，聯合各黨派，各愛國分子，共赴國難」的宣言，而居然要求變階級解放戰爭為抗日民族解放戰爭了。

現在的統一戰線部工作，即由那時便恢復起來。中央和各分局，各省市委縣委，各部隊都有一個統戰機構。這工作自始至終是由周恩來全神貫注的。

中共統戰部的工作，自然是離不了國際指示的原則，但詳細運用起來。卻也花樣百出。

在抗戰前，中共的統戰工作，主要是迫使國民黨停止剿共軍事，以獲得喘息。它那時以各種方法，要求「停止內戰一致抗日」，這種「聯合」活動，馬上得到在野各黨派，如青年黨、國社黨、職教派、救國會派等極力支持。「實行民主，開放政權」的口號，更適合各在野黨派胃口，轉瞬之間，回應之聲，震遍四野，影響所及，群眾運動加火如荼的開展起來。這就成了對國民黨反圍剿的第二條戰線，以一天比一天壯大的形勢，擾亂著國民黨的後方，七君子之獄便是這樣造成的。另一方面統戰部還開闢了第三條戰線，這就是向執政黨進行分化，製造並擴大國民黨內部各派系、個人的矛盾，和國民黨內中央與地方間的矛盾對立。尤其是對東北軍及地方軍閥和失勢份子，努力進行在「抗日與民主」的共通點下結成同盟，一齊喊出「停止內戰，一致抗日，實行民主！」的口號。西安事變便是這樣造成的，這可說是第三條戰線最輝煌的戰果，經過這一場政治戰役，不但挽救了中共垂死的命運，獲得喘息的時間，而且，把整個歷史的命運都扭轉了。

抗戰開始後，南京、武漢、重慶的中共辦事處最要的工作，便是指揮全國的統戰工作，廣大而深入地團結各民主黨派、各人民團體，在「堅持抗戰，堅持團結，堅持民主，反對投降，反對分裂，反對獨裁」的共同要求下結成聯盟，孤立國民黨，使它一言之失，一動之錯，馬上引起滿城風雨，民主政團同盟成立以後，這作用更大了。即使在一個小地區裡，在一個縣裡，中共的統戰工作也是積極開展，由於在小地區裡，帶有反對國民黨色彩的團體很難公開存在，中共為了打擊國民黨在農村中的勢力，便從階級內容中來進行其分化，爭取的統戰工作。從富商、地主、富農這農村中的統治階層中，分成開明紳士，土豪劣紳，與罪大惡極的惡霸，這三等人物，前者要爭取，與之聯合，次者要對之孤立，鬥爭，使之覺悟投降，最後者要予以撲滅。小土地所有者，小商人，小公教人員出身的農村知識份子，則按其思想、言行、分成進步與反動，分別給予聯合與打擊，在國民黨統治區裡，中共把統戰政策積極推行，便使國民黨的鞏固政權，慢慢陷於動搖、癱瘓。在有一點中共游擊隊游來游去的地區，便很快地使游擊隊壯大，使國民黨之村、鄉、區、縣政權逐漸消滅。在中共已建立起政權的地區，開明紳士和進步知識份子便更多了。土豪劣紳、惡霸、反動知識份子，都被鬥爭、驅逐、撲滅。

抗戰時期對國民黨內各派系、各集團，和中央與地方間的矛盾，作如上所述，加強、擴大其衝突，廣泛深入的分化，孤立國民黨內之黨權派。

現在，話可以說回頭來了！抗戰勝利，舊政協開過後，國民黨感覺到孤立了，在馬歇爾的授意下，國民黨曾運用過「以牙還牙」的辦法來還擊中共的統一戰線，把民、青兩黨拉進政府內。馬氏策略是團結反共黨派、中立黨派、人民團體，廣泛深入的聯繫，以孤立共黨。這目的國民黨一點沒有達到，反而降低民、青兩黨在社會上的地位。

而共黨呢？在這階段裡，在由和談而到大規模武裝鬥爭的階段裡，統戰工作比從前更加強了一步。

它積極地進行分化，使早已不滿於國民黨當權派的若干派系，紛紛公開反蔣了。李濟深、蔡廷鍇、譚平山等在香港組織民革，西北軍領袖馮玉祥在美回應，由CC脫胎而出的朱學範也參加了。統戰部就給了民革一個專門的任務，便是：專責協助中共的策反工作。民革是由國民黨分裂出來的。這當然是最駕輕路熟的工作。以後此起彼應的武將起義，文官回應的事件，當然民革是有著很大的貢獻的。

對於民盟——分裂剩下的左傾的民盟，統戰部也給了它一個專門性的任務，就是：專責協助中共掌握知識份子。經常在學生中、青年中、婦女問題上、公教人員待遇問題上製造事件，刺激風潮，擴大影響，同時打擊為國民黨服役的知識份子，全力驅使知識份子的共產黨服役。這一點任務，當時左傾的民盟也確如民革之負責策反一樣，幹得駕輕就熟。

對於民建——這原來是構成民盟的一部分，但卻獨立地肩起一項專門性鬥爭任務的民主建國會，因為它在工商界有點基礎，所以統戰部就給它專門協助中共負責掌握工商界的工作。要它盡量爭取工商界人士，使他們在經濟上、物資上不給予國民黨政府便利接濟，以阻遏其戡亂軍事的資源，阻撓其財經政策的施行。同時支援中共軍事資源，到了城市將解放時，減少資金逃亡，物資逃亡，及破壞工商設備等現象。這一點，民建也有不少貢獻。

此外統戰部對於在海外華僑中有點基礎的致公黨、洪門民治黨、司徒美堂等，則給予協助專責掌握海外華僑的工作。在教育界中有點基礎的民促、九三學社等，在自然科學界中有基礎的袁翰青等，各給予專門負責掌握，爭取各該工作部門的群眾的工作。

中共統戰部以這樣有規律的計畫行動，使全國各階層、各職業範圍的活動集團，掌握在自己手裡！以排山倒海之勢來跟國民黨戰鬥，加上它本身固有的力量，豈能不佔優勢麼？何況各小地區，各縣鄉里的工作人員，還照著前述原則加強活動，迫使國民黨四面受敵，幾無後方可言，那有不敗的道理。

當在戰鬥中，中共一方面對這些同盟者、同路人是極其禮賢下士的，你看周恩來在重慶、在南京、在上海時，對各民主黨派人士，真是極其拉攏之能事，有時還是必恭必敬。在鬥爭中，中共向各民主黨派不知開出多少空頭支票了！

昨天的工作是協助戰鬥，今天的工作是甚麼？在毛王的掌心裡，他們是可以自由的，但是，走出掌心卻是不可能。蔡廷鍇欲請回里一行，都不獲批准。他們得不到批准，假使要離開北平便會有人把他抓回來。他們當部長，他們有權處理問題麼？有的，在共黨籍的副部長同意下他之以劃行。否則，送不出去，行不下去。他們當委員，當副座，有表決權麼？有的，每當開會前，他們收到事先可知的議案的意見參考書，他們可照參考意見而行，否則，就看眼色行事了。他們常常招待記者，你說他們沒有發言權麼？有的，事先起好發言草稿，送統戰部「交換」過意見，修正下來，便可照樣宣讀了。你說他們沒有學術演講的自由麼？有的，你到那個團體，學校去，題目定好，講稿寫好，經統戰部「研究」過，你便可照樣宣讀了。那麼，你不是說他們是花瓶麼？不，他們穿的是樸素如恒的人民裝，一點花枝招展的花瓶色彩都沒有，否則，他們便有不測之災到來了。

十一、關於農民黨與民社黨革新派問題

「全國勞動人民團結起來，聯合全國知識份子，自由資產階級，各民主黨派，社會賢達和其他愛國分子，鞏固與擴大反對帝國主義，反對封建主義，反對官僚資本主義的統一戰線，為著打倒蔣介石，建立新中國而共同奮鬥！各民主黨派，各人民團體，各社會賢達迅速召開政治協商會議，討綸並實現召集人民代表大會，成立民主聯合政府。」

這是中國共產黨中央委員會在一九四八年四月三十日發佈的「五一」勞動節口號中的兩節，這就是中共中央呼籲召開新政協（人民政協）的號召，這號召發出後，民革、民盟、民建等許多黨派紛紛通電回應，民社黨革新派和中國農民黨，也沒有例外。

民社黨革新派，為了這項通電，在黨內還爭吵了一場，由禮查飯店爭吵起，到國際飯店招待記者，糾紛由上海發展到北平，發展到香港，這種糾紛，煩惱了梁秋水，張東蓀，盧毅安，更煩惱了伍憲子，使他宣佈擺脫了這個黨派，追隨伍先生參加民社黨的若干人，也同時不過問民社黨革新派黨務，最後，孫寶剛昆仲和羅堅自另組新黨，民社黨革新派響應召開新政協的通電，由沙彥楷、汪世銘負責發出。這場糾紛，使民社黨革新派陷於支離破碎。誰是誰非，現在都成過去了。可是，當時，反對通電回應召開新政協的意見中，有一點認為：「與共黨談民主，無異與虎謀皮。你拿出心肝給共黨看，他把它著作狗肺。你要回應他，你要擁護他，他便要欺侮你，使你上當！……」這一點意見，後來是應驗了。

中國農民黨，是由曾任民主同盟中常委，農業專家董時進所組織的。他除了領導著這個政治性的黨外，還有一個農業性的群眾團體「中國農業協會」，這「農協」還請了美國的農業專家，前副總統華萊士充名譽理事長，農協裡擁有一大群農業專家，和普通的農業技術人才，分會遍全國，尤以四川、江西、江浙等省，會員特多，可以說是中國最大的一個民間的農業團體。

董時進先生是一個技術專家典型的人。他所以組黨，搞政治，可說是非常單純的，完全是為了組織一個集團力量來貢獻國家。由於國民黨的貪污、腐化、無能，使他心灰意冷，因而希望寄托於共產黨，所以，「五一」號召一發出，農民黨在上海也就立刻通電響應。

一九四九年春，民社黨革新派，和中國農民黨都有代表在北平，跟中共交換各項意見。但最後，卻是這兩黨被強迫發表「停止活動」聲明，這一個聲明，兩黨全部瓦解了、星散了。而董時進，雖在中共強迫下不得不接受發表「停止活動聲明」，但卻毫不遲疑地拒絕了以個人資格提幾個人出席新政協的要求，因為董氏和農民黨各地同志都有一共同的見解：要就是以農民黨名義參加政協，和參加政府，將來好在董先生的領導下，策動全黨，全農協的同志們，貢獻所能，參加國家農業建設，增進農業生產，改善農民生活，否則，若不顧黨內、農協內各地同人的反對，以個人資格出席政協，參加政府，不但會遭受到黨內和農協內同人的反對，而且，個人力量有限，如果喪失了一個黨一個團體的支持，就是當了農業部長，也不會有若何貢獻，而且，還犯了沽名釣譽的嫌疑，這是學著氣派的董氏所不能接受的，所以被迫發表「停止活動」聲明後，董氏只好一溜煙退回上海，不問世事。

這是以撒謊專家毛澤東為首的中國共產黨的騙人傑作，這是「五一」號召發表後，中共的欺騙宣傳，毛澤東的無恥爛言，統戰部的棍徒伎倆完全破產的具體表現，假如給勝利沖昏頭腦，目中無人的毛澤東，回憶一下他過去關於新民主、聯合政府的言論的話，回憶一下他的「五一」號召的第四五節的話，他如何能自圓其說。一個一再聲明容許各民主黨派存在，歡迎各民主黨派到來，聯合各民主黨派，成立民主聯合政府的所謂「新民主主義」的中共，這一次，完全暴露所謂新民主主義就是「假民主主義」而已，這個在國民黨統治下，響應中共的鬥爭活動，遭受著國民黨無窮的監視的民主黨派，尤其是根本沒有跟國民黨政府作過任何合作的農民黨，都還沒有遭受到被中共罵為獨裁專制的國民黨政府所強迫而聲明「停止活動」，而這一套竟出在自詡為民主的毛澤東集團的手裡，則毛、蔣二人之民主程度比較，毛澤東那是比蔣介石差得太遠了。

由於這兩黨如此下場，北平所謂的各民主黨派領袖，遂皆有兔死狐悲之感，民主黨派竟簽名發一聲明，承認中共對他們的領導地位，絕對擁護，絕對服從中共對他們的領導，而更可憐的便是在統戰部的強迫下中共常譏民、青兩黨是國民黨的妾侍黨，但以此衡論，北京的民主黨派，該是兒子黨、孫子黨、丫頭黨了。

十二、失業狂潮淹沒了北平

當北平市宣告「解放」後的第二天，成批的知識份子，便從各機關裡被逐出——有的是被認為不配為「人民服務」而被革掉的，有的是為了不甘食周粟，不願靠近而掛冠的，各機關公務員以至工友，在「解放」不到半年內，失業人數總占原有北平市各機關公務員工友人數過半以上，約有七八千人，每人負擔五個眷屬生活計，約三四萬人生活無著。這是北平失業的第一個來源。中共掌握了北平的一切以後，便將所有市內的銀號、金鋪，停止營業，試想每一家銀樓，和金飾店能容納幾許員工，以全市計約共有一千五百家，每家平均有職工十人計算，便有一萬五千人失業，平均每人負擔五個婦孺生活計，便有七萬五千人走上飢餓線上，這是北平市失業的第二個來源。市內各種大商行、大工廠，有許多在「解放」前後，老闆溜開，「解放」後即關門，或在資金調轉不靈下倒閉，遺留下的職工，便也走上失業線上。據大概的統計，「解放」後一年內，這種失業人數最少有十五萬人。同樣以平均每人負擔五個家眷生活計算，便有七十五萬人走上飢餓線上。這是北平市失業的第三個來源。還有許多學校的教職員，雖覺此職業清高，可以說與政治無涉，仍願繼續幹下去，得苟延殘喘，以待天亮。但中共卻又不肯為他們這樣想法，認為教育機關是政治鬥爭的重要戰場，不肯輕易放過。對那些有點反動嫌疑，或者是思想搞不通的糊塗蟲，應即滾蛋。客氣點，就以調去「學習」方式來革掉，另外給一批與中共教育官吏有私誼的人，或共方關係介紹來的人搶去飯碗，這樣打破飯碗的各級學校教職員，也有二千人以上。同樣以每人負擔五人生活計，又有一萬人走上飢餓線上，這是北平的失業的第四個來源。在一九五〇年春，公債發行時，各種工商業不堪抽剝，又有大批老闆攜資金逃亡，使一部分工商業又因資金周轉不靈而停歇，有的資金被抽光，使它不想關門也要關門，於是，失業群眾，又增加了四五萬人以上，加上家眷，飢餓線上又增加了二三十萬人。這樣，二百萬人口的北京城，起碼有百分之六十以上被迫走上了飢餓線上，能夠大魚大肉特嚼的，就只有毛澤東新奴隸主政權中的大小幫兇，和擄人勒贖、殺人、越貨的大小「共特」而已。

當政協的好戲唱完，中央人民政府成立時，輾轉在飢餓線上的北平知識份子失業群，滿以為自己近水樓臺，就近在機關中謀一枝之棲，當非困難，怎料毛府開張後，除了各部會要用的人才，大部由結束了的華北人民政府各部會人員撥充，不敷的幾乎由中共中央委員會各部門，有足夠的人才可儘量供應，各民主黨派任部長的人們，據黃炎培說：他引薦入輕工業部的人，除楊衛玉外，僅只有三個人而已。因為，中共為了「閉門謝客」，實施一手包辦，竟訂著新的人事任用條例，規定各部會首長，介紹人才參加各該部會工作，必須詳細提交政務院人事局，審查其才能，尤其是審查其歷史之是否清白，政治立場是否堅定，才決定批准任用與否。人事局一天未決定，那個人便不能到差工作，更不能領薪。更毒辣的是，把人事局長一職，推到黃炎培領導的民主建國會的孫起孟身上，而局長以下職員，則全是中共中央人事部、組織部、社會部、統戰部及前「北人」政府人事局中幹部組織。研究問題、處理問題，決定問題，幾乎全在中共幹部手裡，但對外責任，則全落在孫起孟身上。遇有某部會首長，若是民主人士，而非共幹，則引薦人才，提交人事局未獲批准任用時，「民主部長」只好恨孫起孟，其實，孫起孟又何能為力呢？

「失業」這兩個字，只是薪水階級的人談起來便都會吃驚的。「失業經年」這一句話，就更使人談虎色變。黯淡的日子拖下去，就是當初硬著骨頭，不甘食同粟，「解放」後憤而辭職的人們，在飢餓線上走了一段途程，意志薄弱的，便覺悔不當初了，知識份子的出路是那麼狹窄，向衙門、向學校找不到一碗飯時，便想去受一次「赤色洗禮」，希望若干月後，能學而優則仕地派一席官職。可是，第一，一九五〇年投考革大及其他訓練班的人，就比初「解放」時多了十倍以上，想要榜上題名，真不容易。第二，投考者必須獲得政治證明、最好是要人介紹，一班「遺民」，又那裡有這麼大的神通呢？

知識分子是愛面子的，但飢餓迫緊了，既覺得找碗「坐著吃」的斯文飯啃不可能，便只好厚著臉皮脫下長衫，投入販夫走卒之林，幹一下小販吧。可是，一天、兩天、三天，小販牌照還是領不下來，聽到老經驗者說起來，領牌照難於上青天時，眼看著東拚四湊弄來的一點小本，再過幾天便吃光了——在這種情形下，有前市一中教員黎某，便幹起無牌照小販來了。黎某是留日的，曾當大學助教，北平教育局中級職員「解放」前兩年，入市一中任職，直到「解放」後才離開，年已四十六、七歲了，上有雙親，下有四、五個兒女，這生活擔子多重啊，他急得沒法，只好作無牌照小販了。剛販賣了一個多星期，在一次員警追捕中來不及逃，被警踢了他屁股上一腳才被抓著。

所謂「人窮火氣大」，他忍不住侮辱與痛楚，而且，他覺得員警也違背了「人民警察不打人」的信條，便暴怒地還擊員警一拳，剛中鼻樑，血流如注，路人皆知。黎某闖出禍來了，被押進公安分局，關了一些時，除了血本貨物沒收外，還罰他遊街，喊口號示儆。釋放後黎某覺得走頭無路，受刺激過度，便投水自殺了。

作小販解決生活，不但知識份子改行，幹不下，連失業工人們，也不易吃得下去這一口飯，你只要到北平去逛一下，到處是攤販位，到處是小販，他們究能有多少生意可做呢？而且，領牌照如此困難，無牌小販，一不小心，人給抓去，物給拿走，更是死路一條。要出賣勞力麼？同樣，跟出賣腦力一樣難於找到機會，二百萬人口的城市，有百萬以上的失業後備軍，怎樣才能安排？而工商業，在報紙上是說一天天走向繁榮，但實際上是一天比一天蕭條，不但舊的倒閉了無法再開，而且，還陸續有新的倒閉下去，誰去收容這一大批失業後備軍呢？！

當問題一天比一天嚴重起來時，中共當局者想來想去，覺得雖然不能從基本上解決了這個失業問題，因為基本上的解決，必須藉助於工商業的恢復繁榮，才能收容這一大批的失業知識份子和失業工人，但是，當局者知道，假如連一點點困難，也不給他們解決的話，不滿的情緒是會釀成反抗的怒火的。於是，救濟失業工人，救濟失業知識份子的辦法出來了，百萬的失業者及其家屬，初聽到時，是如何的興奮呵，但實行起來，卻依然是使人大感失望。因為，登記失業救濟辦法是多方給人為難的，除了文件上證明外，有時還要你找政治證明——說明你沒有幹過「反動」工作，證明你為何而失業，還要等待他們調查和瞭解。假如你真幸運到極點，被「恩准」了以工代賑救濟，從事體力超時間的勞役，那麼，你每月所得，也不過幾十斤小米，自供不足，遑論養家人？所以，這杯水車薪的救濟，也沒有解決了問題。中共只好撇開現實不談，叫人民束緊腰帶，渡過難關，等待好轉，待將來連臺灣也「解放」，建設逐步成功，便可以過天堂生活。

但是，小民們，「一天不食則饑，一季不衣則寒」，飢寒交迫，一刻難耐，哪裡敢想等待過「天堂」生活呢？於是，除了「老弱者死於溝壑，少壯者鋌而走險」外，這一大群失業者和家眷，在解放的北京城，便大批的投入了這兩條「活路」裡去：其一，就是行乞，其二，就是賣淫！

初到「解放」後的北京城，在白天，首先映進你眼簾的，便是，滿街滿巷都是乞丐，男的女的，老的幼的盡有應有，而且，很多女丐，你仔細一看她的頭髮，在她儘量剪短的情形下，還露出曾電燙過的捲曲的痕跡，可知她從前還是很「摩登」的，還是在小康之家裡嬌養的，哪裡知道北京城被「共鏟」一番之後，便流落街頭，淪為乞丐。同樣，也有不少男丐是文質彬彬的，竟然用中、英、俄文書寫地狀，有俄國大鼻子過，居然用俄語交談，路人為之側目，這樣的人才，中共尚且使之潦倒街頭，還有什麼可說呢？

北京「解放」後初期，曾有過乞丐的黃金時代，那時，中共當局，一面自覺無法幫助他們謀生活，便多方便利他們行乞，而且，處處長乞丐威風，慢慢使他們「乞膽包天」，竟向路人和商店「強討」起來了，有些漂亮的先生，小姐們，竟給他扯著衣角，一定討到為止，有時，還叫你給他多少數目，少點不行。有家商店，便為了不肯照著乞丐要求的數目給錢，乞丐們三五放群圍著門口不肯走開，後來爭吵起來，連窗櫥玻璃也給乞丐擲石頭打破，把員警請來，員警只有說：「他們窮，你們多給點錢有什麼關係？」掉過頭對乞丐們則說：「下次不要打破東西，否則，要你們賠的。」因為員警們已有了經驗，知道把他們抓到局裡，中共的警官們，還是罵幾句便釋放了的，又何必多此一舉呢？這是不是「偏差」？這是不是「左傾幼雅病」？只有毛澤東自己才曉得。「乞風」這樣發展下去，使成群的破產的小布爾喬亞知識份子，都厚著臉皮，沿門托缽，因為，也側知道，這樣討生活，雖然丟盡祖宗面子，但卻比坐在家裡挨餓，或作無牌照小販，動輒給員警踢打、逮捕、坐監獄、血本被沒收，來得好些。北京「乞風」最盛時，據說，有乞丐十萬以上，真是驚人！

可是，好景不常，中共當局靈機一動，卻運來了，覺得這大批人力，是可以當作反動派殘餘分子一樣，剝奪其自由，集中起來，強迫作奴隸式的無償勞役，乃在一剎那之間，出動全體軍警，全面捕捉，老小不免，聽說，後來給他們編成了許多個勞動大隊，少壯者分別押送去修黃河，和關內外各礦場，不但無工資，連行動及通訊自由都沒有，老弱者送塞外，割馬草、牧牛羊，一樣沒有行動和通訊的自由，當然，更沒有工資，這真比古代奴隸社會還毒辣的剝奪人權自由、身體自由。此後的北平城，便沒有人敢從乞中找生活了。一大群的失業者又絕斷了一條「求活」之路了。

那麼，當饑火煎人，一刻難煞之際，便只好含淚叫太太和妹妹、千金之類，跑到十字街頭，去出賣肉體，以換得一點續命的生活資料，雖然，中共有聲有色地在報上宣揚，如何雷厲風行地取消了娼妓制度，把鴇母、管家們鬥爭、監禁。但在生活的鞭子的笞撻下，成千成萬的良家婦女，又被迫走上了賣淫路上。由「解放」到現在，北平城的私娼不斷增加著，據大概的統計，起碼有十萬人以上，為了避免開旅館的麻煩，很多把客人請到家裡，或私娼窩裡「成交」，而嫖客，除了普通的商民外，最大宗的還算是穿著軍服的解放軍，和穿著列寧服的公務員，他們刮的民脂民膏，只有在這種場合，才肯真正的爽快的犧牲一點，來救濟一下，瀕於死亡線上的人民。

中共對這盛行的「淫風」是比較對「乞風」來得客氣了，雖然有時，他因為有若干警官員警，為了「收規」不遂而把私娼們抓去，但最多是略施警誡了事，押送作奴隸勞役，還未開始，大約因為「淫風」的展開，是由於跟中共幹部們的合作才能盛行吧，否則，這條「活路」雖可憐，中共當局們也不會憐憫的。

北平「解放」快到兩年了，兩年來，作為毛澤東新奴隸制度政權的樞紐的北平城，雖然毛府大小官兒們，盡力粉飾，儘量誇張表揚，但醜惡的現實，始終暴露在人民的面前，一切既無改善，反而更可怕地腐爛起來。一大群的失業者，沉淪在水深火熱中掙扎在死亡線上，長夜漫漫，何時達旦？

兩年來，在這古都城裡，吮吸著民脂民膏，過著荒淫享樂的生活的新貴們，你們還能毫無知覺地，悠悠然地，蹲在食的火山上，眺望著這一幅血淚圖，聊舒雅情麼？你們瞧吧，失業狂潮淹沒了北平城，人民的火山馬上要爆炸了。

十三、從宗派主義說到陳紹禹和李立三

根據馬列主義的公開文件，和共產黨要人們的公開言論使不少青年迷信到中共黨內是沒有小組織活動的，是沒有宗派主義的，但事實上，在中共組織內，宗派主義、人情主義、小團體活動、小組織活動，一樣存在著，隨著全面勝利的到來，由共苦到共甘的到來，更一天天嚴重起來。

在今天北平中共中央黨戰軍各部門裡，第一個映進你腦海裡的印象，便足滿口兩湖腔調的要人，和盤據要津的機要人員特別多。當你感到驚異而詢問究竟時，他會滿不在乎地打著湖南的老調告訴你：「湖南是蘇聯的高加索呵！」假如你是內行的話，你該仰望著地圖上的湖南和高加索而肅然起敬不再囉唆了。否則，他會用輕視你的眼光向你解釋道：「蘇聯的要人，高加索的最多，中國的要人，湖南占得多，也值得奇怪麼？」因為史達林、莫洛托夫以下許多蘇俄政治局的席位和各重要部門都是高加索人。毛澤東是湖南人，劉少奇以下，許多個中共政治局的席位和各重要部門都是兩湖人——尤其是湖南人。

假如以紅四方面軍為基礎的張國燾派，以留俄那一批批的學生為基礎的以陳紹禹為首的留俄派，以留法勤工險學那一批批的學生為基礎的以周恩來為首的留法派，以擁護從前的李立三路線而集結的小集團，以董必武、吳玉章、徐特立、林祖涵等一班老頭子，因歷史、生活、習慣、意識、興趣的接近，自然形成的元老派等等稱為宗派的話，那是自然形成的，尚有可說，只有毛澤東派，才是由毛澤東故意一手造成的。毛澤東為了加強、擴大和鞏固他個人主義的統治、專制地位，對同志、對人民的剝削地位，因而拉攏他兩湖的同鄉，任用的親眷戚屬，潛竊權位，以團結在他的周圍，造成他自己的宗派，而排斥、打擊、破壞，甚至鎮壓其他的宗派。

「一本中國共產黨的發展史，就是一本宗派主義的鬥爭史！」這句話是一點也不錯的，所謂兩條戰線鬥爭，與其說是策略路線的鬥爭，不如說是權、位、名、利的鬥爭。

遠的如打倒陳獨秀，驅逐譚平山等鬥爭姑且不提了，就由毛澤東竊據延安算起吧，也前後出了幾樁重大的宗派鬥爭事件，震撼了延安，震撼了整個中共。

當抗日戰爭開始後不久，毛澤東為了感覺到邊區副主席張國燾不能掌握，而張氏當時與陳紹禹等留俄派來往頗多，亦引起毛澤東的疑忌。因當時陳紹禹在黨組織中擁有雄厚基礎，留俄派的上層分子如洛甫博吉輩正盤據要津，張國燾的紅四方面軍，擁有一批不小武裝，而張、陳二人在毛澤東心目中，毫無疑問是反對毛澤東，假如張、陳真密切的結成聯盟，進行倒毛的話，毛澤東的主席寶座，恐將難保。可是，張、陳根本沒有進行宗派聯盟企圖倒毛一絲痕跡時，老奸巨猾的毛，以他樹立宗派打擊他人的老經驗，就先發制人了。毛是深知武力之可怕的，乃先不聲不響收賣張國燾的左右手徐向前，再在延安，邊區搜索，凡有一點染有「紅四方」色彩，或者跟張國燾有一點淵源的部隊，都藉故調過黃河，跟著便是對張氏布下天羅地網，擇機請其入籠，幸因張氏亦非黃口小兒，而是身經百戰的老戰士，看到形勢越來越不對了，乃斷然借祭黃帝陵寢機緣，迅速逃走，否則，張氏的下場，當是不堪設想的。

張國燾逃出邊區後，除了少數賣主求榮的如徐向前輩外，其他留在邊區，留在中共武力可能控制的地區的，與張國燾稍微有點歷史關係的上中下各級幹部，幾無一倖免如下的侮辱與迫害：輕的被強迫著作一次二次至無數次的坦白，有的連腸也坦了出來還不能大白。我認識有個姓蘇的同志，他僅在「紅四方」當過小幹部，連張氏的面孔幾乎也認不清，但組織上莫明其妙的看上他，要他寫了無次數的坦白書，寫乾了兩瓶墨汁；較重的便只好請君入甕了。更重的當然就只有死路一條，當時，給予托派漢奸、間諜的罪名而送上斷頭臺的張國燾派分子，何止千百，被酷刑迫供，打得死去活來的張派分子，又何止千百，怪不得曾任「紅四方」軍長的何源，逃得出來，寧願在國民黨中統局當一名特務，而不願再在共區受那不絕如縷的精神威脅，隨時會喪失生命或自由的威脅。不僅此也，不久之後，且復借整風這一套鬼把戲，把堂堂然一人之下，萬人之上的政治局總書記陳紹禹關進窯洞裡，不能見天日者多年。當然，對付留俄派各級幹部，還是像對付張派一樣如法炮製的，能收買的收買，否則，就是殺！鬬！坦白再坦白！侮辱、迫害、監視，源源而來，使人寢食不安，使那一位原是走葉劍英路線幹起來，但中途投過一下王明（陳紹禹）、洛甫之機而獲得中共南方局組織部長的郭乾輝，也突然向國民黨特務機關自首，出賣廖承志、張文彬等一批南方巨頭，幾乎連方思瓊（方方）也遭殃，使毛澤東懊喪地搖頭：「韶關這一次破壞，此損失一個軍團更慘！」其實，宗派鬥爭的能手毛澤東，自食如此這般的惡果，何止千百次呢？

一九四九年我一到北平後，便很想找機會去看看陳紹禹，但是，後來經朋友的警告而打消了這私人性質的拜訪。那時，陳紹禹表面雖已恢復自由，但實際上卻仍是被囚在一個城市式的大牢籠裡。假如說對著靠近份子的監視是一般的話，那麼，對陳的監視是特殊的；假如說毛對一般的政敵的監視是布下無形的天羅地網的話，那麼，對陳布下的該是有形的羅織飛箝了。不但到他住處去探訪他會受到直屬毛澤東的密探的注意和跟蹤，以後會招到無窮的麻煩，便是在某種公開場合跟他多細談幾句，也可能矇到意外的麻煩。總之，陳紹禹和他的妻子不管到甚麼地方，都會有成群的陰影護送著。這些陰影除了直屬毛領導的特務外，自然社會部也派專責特務參加的。這樣的生活，使過去志高氣揚的王明（陳紹禹）現在沉默寡言了，過去總是笑容滿面的孟慶樹小姐（陳妻）今天總是愁眉深鎖了！聽說，有一次留俄時代老友張西曼病逝協和醫院，陳紹禹要去弔唁，也事先請准了毛、劉才出去，所以，今天陳紹禹想要學張國燾逃出毛澤東的魔掌，恐怕比上天還要困難。

從前陳紹禹的言論是很多的，除了有代表性的通電、聲明外，文章也寫得流利，可以說是落筆千言，倚馬可待，但土包子毛澤東卻罵他是洋教條主義，說他的文章像老太婆裹腳布，又長又臭，應該打倒，應該受整風檢討，應該受鬥爭，弄得現在陳紹禹及其妻二人一篇文章，一次言論，雖屬「短而又香者」，也要獲得毛、劉核許才能發表。陳紹禹迫得無奈，只好寫「向毛主席學習」之類的文章，果然，這種文章雖又長又臭，卻特許發表了。但是，一個有野心的政治家，不是威武所能屈服的，不是特務管制所能嚇倒的，當陳紹禹和李立三同在一個城市裡久住下來，不但陳、李之間的前嫌盡棄，反而密使往還，聞已暗中締結下攻守的政治聯盟。

談起陳紹禹和李立三的恩怨，那是很久以前的事了。當李立三當權時，為了成功心切，命令各地區組織，不斷實施暴動，浙江省委和杭州市委曾在十個星期內接到過兩次暴動命令。蓋第一次暴動未成，組織備受摧殘後不到幾個星期，又接到二次暴動的命令。省市委負責人綯著眉頭，清點一下可以掌握，可以動用的黨員幹部時僅有十五人，怎麼辦？命令是要絕對服從的，不服從是會受處分的，只好硬著頭皮成立暴委會，將十五人編成三路，在一個黑夜裡，在杭州市實行三路進軍，預先印好一批宣言，浙省杭市蘇維埃政府佈告。各路除了帶一點印刷品外，便帶點硝油、炸藥等引火及爆炸之物，選擇三個容易溜跑的去處，放一把火，響幾聲爆炸，貼幾張佈告，散下宣傳品便逃跑了。第二天便可以向李立三報銷、暴動失敗、橫豎外國通訊社消息靈通，也代它報導，宣揚於世了。又是，統治者也不是呆子的，當你浙、杭目標又暴露出來時，除了當場可能被捕者外，被選擇線索破案是更容易了。這種不斷暴動的盲動主義的結果，無疑的是自己把組織摧殘殆盡，這確是一個錯誤。所以引起黨內和國際都反對他，但他在黨內根深蒂固，雖周恩來、毛澤東、瞿秋白、朱德及元老們都反對他，但他還能操縱自如，使史太林和季米特洛夫都焦急起來，才由陳紹禹率領著所謂留俄派二十八個布爾什維克回到中國。由米夫斯基協助著，進行著反李立三路線的鬥爭。經過由下而上的一場激烈尖銳的鬥爭後，陳紹禹終於打垮了李立三，交革命法庭，判終身監禁。從此李立三便在莫斯科受「改造教育」，而陳紹禹等便捧了毛澤東躋上主席寶座。卅二歲的陳紹禹當了中央總書記，紅得發紫。這一段歷史，無疑的是說明瞭陳、李當年是政治上的死對頭，可是時間是可以改變一切的，現在他們又在握手了。

李立三和陳紹禹一樣，是一個野心勃勃的傢伙，雖然受盡挫折，但豪氣不減當年，加上流利的辭令，口若懸河，不論演講或座談，依然是議論風生。他的口才，據說是目前中共要人中第一流的演說家。他現在北平，雖比陳紹禹自由些，但是還免不了受監視的。不過無論如何，他的處境和陳紹禹是兩樣的。因為，他所以被開格提早結束在莫斯科的「學習」生活，並不是他「學習」進步的快，而是因為當陳紹禹被毛澤東未徵得莫斯科同意而囚禁起來後；莫斯科已開始感覺到，以毛澤東為首的那些傢伙每強調軍事領導，壓制黨內民主，壓制異已，獨佔黨內領導權，恐將來尾大不掉，而深知李立三在黨內尚有相當潛勢力，且可用之收容張派、陳派遺留在中共黨內的各級幹部，免致逃出黨外，變成反共死對頭，因此乃決定派李立三回中國。當李氏臨別辭行時，史達林曾命令他說：你幫助毛澤東同志，好好的加強黨內民主作風……這弦外之音，內行人一聽就知道了。所以，李立三回國，事前事後，都得到莫斯科人力支持的，否則毛澤東哪裡會理睬他呢。但有人以此原因便稱李立三是國際派，而把毛澤東、劉少奇稱做相反的民族派了，是太勉強的。毛，劉何嘗不是史達林的忠實走狗，劉少奇與莫斯科的黨要們上上下下都混得很熟，公情私誼都超人一等；毛澤東何嘗不是徹頭徹尾的國際派？但史太林為什麼又多方面培養呢，唯一的解釋是「分而治之」的統治手段而已。

李決定回國後，開始是奉莫斯科命，回中共中央工作的，但毛澤東卻把他擋駕諉稱東北林彪處需一政治人員協助，便輕輕的把李氏推到一個地方工作的崗位上去了。開始，毛自以為得計，因為，把李壓迫在地方工作上，中央工作便可以免去李氏過問了，他要爭奪中央一部分領導權機會也不可得了。但是，飽經滄海的李立三，已不是從前那樣幼稚和自動了，在莫斯科十多年的「寒窗」下，別的或許學不到，但宗派鬥爭的技術應該是爐火純青了。他默察中共當時的內部的形勢，和研究毛澤東所以成為不倒翁的原因，主要是在他自己所培植的宗派比任何人為強大，尤其是有著妻舅賀龍、兩湖同鄉彭德懷、林彪等武裝系統支援著這宗派。於是，李立三也就心血來潮，一方面盡可能將過去的舊部再團結在自己的周圍，同時，還爭取著張國燾派與陳紹禹派的殘餘，也團攏到自己這方面來，而最主要的卻是苦心孤詣如何將自己跟林彪的關係搞好。而林彪雖然在莫斯科醫病時已與李立三祕密種下了淵源，但監視李立三的密命，還是給他執行，可是，出乎毛意外，經過一個時間後，當毛澤東的五人小組正流徙在晉西北的荒野間時，卻突然接到一個由哈爾濱拍來的情報——這情報不是社會部的特務們給他的，而是由他自己直接領導著，由劉少奇協助指揮著的「特別監察組」的通天特務們送來的。這個情報，不但敢指責李立三，還敢指責「毛的心腹愛將林彪」。它向毛澤東報告著：林彪將軍正和李立三密切勾結著，一切異於尋常……爾後，這樣的情報不絕如縷，毛澤東悲忿交織，只好電調李氏回中央工作，俾便控制，但林彪卻去電中央挽留，李則向莫斯科申訴，請求轉知毛如回中央工作，必須擔任政治局書記或總工會主席。這一下真把毛為難了，政治局書記是無論如何不能授意中委會推他出任的，黨團中最重要的總工會，無產階級力量的發動機，也是無論如何不能送給李立三的，於是「特別監察組」的通天特務也成群潛赴東北當林彪慢慢也感到有人監視他，哈爾濱忽然發生兩樁謀殺案，兇手脫逃，逍遙法外，而死者卻是身分不明。經熟悉內情者揭開後，大家才知道這兩個枉死鬼，原來是通天特務，原來他是林彪，李立三的敵人，怪不得他們這樣死法了。因為，中共社會部的特務，在黨內公開者，是歸當地最高黨政軍首長監督指揮的，他們自然不敢搗林彪的亂，直接由中央領導，連對地方黨政軍首長也不公開者，多數是通天職務，地方首長明知其擾亂，但不方便公開逮捕，其電臺亦不方便公開破壞，唯一對付的方法，就是暗殺，林彪在含恨之餘，就只出此一著了。毛澤東來電緝兇，林彪也只好做做官樣文章，遵辦。但能拿到與否，卻非林彪責任了。

少年得志，趾高氣揚，野心勃勃的林彪，哪裡受得起老奸巨猾的李立三這一連串的灌迷湯呢，哪能不飄飄然欲登寶座呢？哪能不跟李立三越攪越熱，如膠似漆呢？從此，世界的內幕新聞記者，就把林彪從毛澤東嫡系派中搬過所謂國際派來了。其實，在對忠於莫斯科的命令方面來說，在想跟莫斯科關係拉密方面來說，毛澤東、劉少奇固然不敢後人，留法派周恩來輩也是一樣，留俄派陳紹禹輩更不在話下，連元老派還是百分之百的國際主義者。所以，這樣來類分中共黨內的派別是犯了大錯誤的，決不可能因為你這樣分法毛澤東便真的會變成狄托，反而因這主觀上的自我陶醉過甚，致影響了對付中共的決策，這才是不可挽回的損失。

中共的宗派，只能在擁毛，反毛，與面面俱圓的騎牆派這三類中去區分。擁毛的儘是目前在黨政軍各方面，盤據要津的人物，有權有勢，唯毛是從的一群，可稱為毛澤東幹部派。林彪今天雖跟李立三勾勾搭搭，但公開反毛卻還沒有可能，而且還不敢，所以基本他還是一個毛派人物。所謂反毛者，表面上雖然是合作，但實際上過去、現在始終處在與毛派陷於祕密對立狀態，這自然是陳紹禹派和李立三派了，因為這些派系在黨內失勢，被排擠，所以迫切要求加強黨民主，反對統制，要求進步，所以人們稱之為中共民主派或進步派。面面俱圓，隨風搖擺的騎牆派，是誰得勢擁護誰的，你失勢他傾對你疏遠了，這種人物，要推以周恩來為首的留法派最是典型。既無主見，又無野心的，誰來捧誰的元老派，也算是這種騎牆派之一。表面與毛平行，實在是一個木偶一樣的朱德，現在既無權亦無野心，資格也老了，所以，也應該把他列入元老派中才對。此外，中共黨內還殘留著一堆堆像垃圾一般的人物，既不能擁毛，也不敢反毛，連騎牆投機權利都沒有的，如過去某些垮臺宗派的殘餘，現在頭子已離開了黨。又不能為現存的大小宗派所容納、所支援，這些人可以說是「雜牌子」。

在共產黨的天下裡，搶到工會的機構，其作用之人，僅次於搶到兵權而已，雖然李立三不是全國總工會的主席，但卻是第一副主席，只要他的手段能要得過掛名主席劉少奇的代理人劉寧一，那麼，他是可以為所欲為的，他是可以握著全總的基礎，展開它控制黨，擯制政權的一切準備工作的。曾經滄海的李立三，這一次獲得莫斯科的支援，得到優越的陣地後，雖然依然是野心勃勃，卻是穩紮穩打了，雖然他在跟陳紹禹作祕密的政治握手，但他仍能避免毛、劉對他的過度忌刻，而林彪的關係依然若即若離的保持著，他還儘量利用他留法的關係和周恩來及其左右拉攏，和冷落的朱德逢迎著，和無聊的元老們嘻哈著。聽得他的左右說，假如下屆中共全國代表大會，這些給他經常應酬拉攏的巨頭們，能命令其所能掌握的各級黨幹，全部或部分支援他，他就可以在中委會中獲得過半數支援的，他和陳紹禹就可能東山再起的。假如真的這樣的話，中共的宗派好戲又有更壯大的場面出演了！不過，即使李、陳不能東山再起，派系紛然的中共，遲早都會自相殘殺而陷於潰滅的。

十四、寂寞的人和熱鬧的人的速寫

（一）關於丁玲

丁玲，這位已年近知天命的女作家，在一九四九年初夏，由參加布拉格和平會歸來，在瀋陽車站下車，到車站迎候的有兩個年約弱冠左右的青年，一見面，就對她異常親暱，那情況，明眼一看，便知道不是普通看朋友。有些對丁玲家庭情況不大瞭解的旅伴，馬上以驚異的眼光圍繞上來了，丁玲卻很大方的給大家介紹著，一邊用手指著：「這位是我的愛人！（共區稱丈夫或太太都是愛人）這位是我的小兒！哈哈！」她自己也兩頰微紅地笑起來，在中國，一個女人，能夠享受一個像兒子一般大小的愛人，恐怕是罕見吧，然而，丁玲卻「創作」出來了。

丁玲自從與馮達分道揚鑣，回到延安，馮則參加國民黨特務機關工作後，馮早就另娶，聽說現在還住在臺灣，而丁十多年來，由西北，而東北，羅曼史也不絕如縷，跟彭德懷，田間都同居過，現在和一個二十冬歲的小夥子熱戀著。（編按：陳明）

聽說，近年來追求丁玲的人確實不少，而且，尤以革命歷史短，吃著大灶飯的苦頭的青年幹部居多，原因即由於丁玲有幾個錢，不僅連年稿費版稅收入多，而私蓄亦豐，所以在她生活上，是相當享受的，每天牛奶，雞鴨魚肉不離口。

（二）蔡暢處找不到李富春

據一位東北籍的友人，說：東北人民政府副主席李富春，因公到北平，有人想和他談談東北地方事，可是到中共中央的地方碰不到他，便跑到李富春妻蔡暢住處去找他，可是，也一連撲了幾個空。有一次，那人凌晨便趨門鵠候，他以為李日間雖忙，這由東北歸來，總會回到李妻住睡的，不料，把門敲開，延進客廳，使他大感失望，那位女服務員，見那人一副老實相，禁不住口，細聲告訴他：

「不但李副主席昨晚沒有回來睡，連蔡主席昨晚也沒有回來……」

「那麼他們另有公館麼？在那裡可否告訴我？」那人傻頭傻腦地問。

「那我也不知道，不過，他們各有各的去處，因為，大家工作不同，李副主席由東北回京十多天，只有在一個中午到過這裡，老實告訴你，在蔡主席處無論如何是找不到他的！……」

「你要找他，還是到中央機關等候好，由早等到晚，總會碰到的，這裡，你等十天八天也不一定會碰到，而且，蔡主席也不高興！」女服務員繼續說。

那人聽到這裡，一切都明白了。原來，李、蔡是名義夫婦，遠道歸來，也不過白天碰碰面，夜裡，卻各人有各人的去處，各不相干，這樣的夫婦生活，這樣的家庭生活，可說是荒淫、無恥、糜爛、腐化到了極點。一方面保持夫婦形式，一方面雙方默許，各玩各的、各愛各的。

（三）郭沫若獻媚女明星

一九四九年在東北舉行，普式庚誕辰紀念大會，我給幾個寫詩的朋友拉去參加，因為，這大會是官式的，入門要有文聯發的門票，否則，擋駕！所以，更顯得隆重了。

的確，熱情奔放的普式庚，那些火般熱，怒潮般奔騰的詩篇，確是吸住千千萬萬的文藝青年的心靈的，我也是一個普式庚的愛好者，雖然他的譯詩，不易朗誦，但我在學習詩歌朗誦運動的過程中，我也常常喜歡拿他的詩來朗誦，尤其是那膾炙人口的自由。

可是，因為這次紀念大會，是由左派文特頭子，色中餓鬼郭沫若主持的，沈雁冰和林祖涵老頭子等，也不過以客人身分蒞會，而郭文特為了向女人獻媚，竟把大會節目讓出幾個節目給那些胸無點墨的女明星來出風頭。

大會中除了由郭文特等報告一下，普式庚的生平事蹟和作品介紹批評外，主要節目，便是請了很多人朗誦他的詩篇，而郭預先安排下；由白楊、舒繡文、張瑞芳……這一大群女明星，逐一請上臺去，捧起普式庚詩集，毫無朗誦訓練，毫無經驗地，呆板、生硬、無表情、無動作地，簡直就像讀書般讀下去，只有作家，鄭君里用俄語朗誦時還有一點表情。那些影星們朗誦到末尾，幾乎引起了噓聲。郭文特頗感狼狽，幸而柯仲平出場代他維持了會場的秩序。

（四）寂寞的將軍們

在北平，寂寞的所謂民主將軍們，是比任何人，還來得苦悶的，因為當年掌握兵符，叱吒風雲，何等威風，今天，寄人籬下，仰人鼻息，自然有不勝今昔之感了。何況主人對待他們，根本與對待無權無勇，大可放心的郭沫若之流的文特頭子們不同，知道他們是猛虎，虎是不能讓它歸山的，於是，較嚴厲的監視，便自然而來了。

因「一二八」淞滬抗日戰爭，致馳名世界的蔡廷鍇，自到北平後，雖充當著代表委員，但卻是寂寞無聊之至，常見他在北京飯店門前空地的樹蔭下，優閒地散步，百無聊賴地仰望著，天空奔流的白雲而發呆。

李濟琛在形式上，雖然比蔡忙些，而且，供養相當優厚，但是，從他的心情表現，和實際生活的規律裡，可以看到，是異常寂寞的。他閒得無事，只有常常喜歡到舊貨攤、古董店、書畫社去蹓躂蹓躂。

（五）楊虎的金條與參事

淞滬「解放」，據說，因楊虎煽動交警敵前投降，幫了不少忙，所以，當陳毅入市後，邀宴民主人士席上，楊虎竟也赫然出現。中共吹手陳伯達曾罵楊為「人民的劊子手」。但邀宴儘管邀宴，過去遭楊虎在淞滬殺掉的中共幹部家屬，有些現在竟為中共要人的死鬼家屬們，群起要清算他。陳當饒去電北平請示時，楊虎遂趕快躲到郭春濤家，托郭分電民革中央及中共統戰部設法。後來郭春濤也為了非法接收范紹增的大酒店事為陳毅所不滿，幾乎連自身難保，乃親赴北平，向中共統戰部和民革中央哭訴這才獲得李維漢的支持，返還上海告訴楊虎說：不但可免清算，且中央人民政府成立後，起碼可拿個政務院參事的官職云云。但郭要借金條四根另請楊虎送金條四十根給北平的李維漢，楊大驚失色，悔不當初，問送中共統戰部十根八根行不行，郭春濤笑道：「我們民革無權無勢的窮光蛋，看幾根條子是不錯了，人家中共統戰部的人把你十根八根那裡看在眼內？」

果然，後來楊虎不但沒有被清算，而且，在東北飯店被招待起來，在政務院掛上參事的招牌，招搖過市了。

那些過去在淞滬被楊虎殺死的中共幹部的家屬們，只好大呼；金條萬歲！劊子手萬歲！因為有了楊虎問題，窮光蛋郭春濤在北京闊綽起來了。

（六）柳亞子大鬧頤和園

柳亞子到了北平，初住在北京飯店，雖然覺得生活很舒適，但看到滿街滿地攤的便宜古董，買不起，不免心急手癢，更眼看著中共幹部那種飛揚拔扈，不可一世的驕氣時常把民主人士不看在眼內的態度更牢騷萬分。

剛剛有一天下午，他給一個朋友拉到館子裡喝了幾瓶白乾，半醉半醒的走回北京飯店，恰好遇到了統戰部駐酒店的一個小夥子，迎面拉著他的手說：「亞老！請你大禮堂去聽聽劉少奇副主席講話，很多人都去了，只差您！」但三分酒意，七分牢騷的劉佬佬，卻出乎那小夥子意外地用鄙視的口吻答道：「講來講去還不是那一套老調？傻瓜才高興去聽他！」那小夥子碰了一鼻子灰走了。

三天後交際處長去訪柳，問他喜歡不喜歡搬到頤和園去靜養一下，那邊環境很好，已給他預備好房間了。但柳卻說，因為頤和園離市區太遠，辦事不方便，暫時還以不搬為宜。過了幾天，交際處長再來訪他，說毛主席很關心他老人家的健康，所以，才關照交際處這樣辦，希望他能夠搬往頤和園小住，一不辜負毛主席美意，二好使交際處有得交代。這樣半軟半硬的勸迫了一場，柳終於就範了。他到了頤和園，午夜細思，知道是那天酒後失意，被那小夥子報告上去，思前想後，羞悔滿腹。

一天，因步出頤和園閒逛，忘帶居住出入證，當晚飯將屆，回園去時，門警卻擋住駕，不准進入，柳大聲說：「我是，柳亞子！我是毛主席請我搬到這裡來住的，忘帶出入證何以不肯讓我進去？」但那門警卻鄙視地冷笑道：「我不認識你，我更不知道柳亞子是什東西，別說是毛主席請你到這裡來住，便是毛主席到這裡來也要守規矩，現在是人民時代，你知道麼？」

「混賬！你教訓我麼？你到底讓不讓我進去？」說時已怒火朝天，把手杖指向門警臉上去了。

「不准！」門警厲聲地說：「沒有出入證便買門票，這是人民時代，誰也沒有特權！……」

柳滿頭大汗，後退數步，向口袋裡掏著，掏著。

「看你一派斯文，連二百元一張門票也捨不得買麼？」門警看見他在掏錢的模樣，也這樣低聲哼了兩句。

「不買！不買又怎樣？」

柳亞子在幾個口袋裡掏了半天，但卻都是空空如也，一文不名！於是，滿腹牢騷，像火山般爆炸了！

想當年，柳亞子也曾像中南海的共官們一樣豪闊過，別說人民幣二百元門票，便是美金二百元他也買一張算了，但是，那曉得今天談民主多年，竟談得囊空如洗呢？倒楣之中，又遇上這硬頭皮的門警，攔著去路，使他到北平後所感受到的冤氣，全部湧上心頭來了，一時火氣，掄起手杖就向門警腦袋猛敲，門警挨了幾下，便扭打成一團了。後幸虧被人發覺拉開，把柳送回休息。

這樣的生活，也是北平民主人士中生活的式樣之一。

（七）沈公館溫暖如春

東總布胡同二十四號，是一座豪華的「戰犯」的花園洋房，現在做為所謂最高人民法院院長沈鈞儒公館。裡面暖氣設備周全，水汀環繞，只要肯犧牲煤斤，日夜開放，即使在隆冬積雪沒脛的日子，室內還是溫暖如春的，於是在最高人民法院公費項下，每日竟加上了煤斤二擔的數目。在人民政府高呼節約聲中，應每月犧牲六十擔煤的代價，換得了什麼？除了沈公館老老小小的「舒服」外，是一無所有的。

「這算不算浪費人民的血汗？」「不算！」沈公館的人說，在輕工業部公費項下，黃炎培「部長」公館每日還支付煤斤三擔呢！

「這算不算浪費人民的血汗？」「不算！」民主人士們都這樣說，「這比較起毛澤東、劉少奇等額外開銷來，不過滄海之一粟罷！」

（八）毛澤東八面威風

毛澤東每一次出席任何一種會場，事前總要派出大批特務，在會場附近五百碼內，搜索一遍，附近屋頂上，也佈下便衣特務，毛站坐附近，除親近之要人外，這種特務也是星棋羅布著，一旦發覺有面生人張頭伸腦，便被監視或被帶出去拷問。

假如那會場是毛第一次去的話，那麼，事前特務們的搜查更是厲害了，上至天花板，下至地毯，都被檢查過，地毯厚的話，還用鐵條劃來劃去，深怕絨毛裡藏著什麼不利的東西，所有木箱，台桌櫃子，花瓶裡部檢查過，天花板裡面的空洞，他要設法使人進去清檢過，牆若是磚的，牆心是空的話，特務們也考查有無新抽動過的跡象，如果真有磚是新抽動過的話，那麼，除了找人調查抽動原因外，必要時還拆開磚口清查裡面有無隱藏定時炸彈等危險物。假如這場合時附近，真被發現一條破槍，或一顆壞手溜彈的話，那麼，禍便闖得大了。

他上會場所要經過的街道，都是預先由特務擬好的，在這路線的街道兩邊，特務們必先偵察過，甚至搜索過，然後佈下便衣哨，甚至屋頂監視哨，一見可疑對象，即加監視或帶訊，他的汽車是有鋼板的，莫斯科最新式的避彈設備，即使途中猝然被襲，也不易損傷到他。

毛澤東每到會場，其拉拉隊必先三呼「萬歲」。不願這樣呼喊的人，也只好跟著亂嚷一通了，否則怯怕在自己前後左右站著的人，就是特務給他知道你在萬聲雷動中噤若寒蟬，那你便糟了！

一個在美國生活久了的自然學家，從前是滿腦子「左傾幼稚病」的，他以為中共一定比美國民主，可是當他甫抵京門，參加一次大會，聽到萬歲之聲不絕於耳，他便對我說，「一切都好，只是太『封建』點。我在美國生活了二十年，沒有喊過和聽過一聲『萬歲』！今天則在鄰座同志催促下喊了……」。

十五、從王艮仲事件說起

一九四九年，王艮仲由香港到了北平，而且，聽說還要打算在共區出版他的中國建設雜誌，準備榮任人民政府某某要職。

王艮仲在國民黨CC系中，雖不算大要人，但在南京、上海，也總算是吃得開的人。他表面上是當過國民黨江蘇省黨部執行委員，國民黨籍立法委員，而實際上，他卻是國民黨特務機關中統局的專門委員，和葉秀峰有著密切的關係。而這種關係，當時，中共特務機關社會部早就瞭解的。但他卻安然到了北平，而且，不但不必到公安局去履行特務登記手續，還要被交際處招待起來，不僅此也，而且還要搞出版，還要大活動，還要準備作新貴。這奇跡是那裡造出來呢？不錯，中共對那些帶著武裝本錢來的「起義」將領，初期是客氣點的，因為在他的部隊沒有被消化瓦解前，自然要設法安其軍心。但王艮仲光棍一條，根據中共政策，是無須對他客氣的，那麼，這奇跡到的是怎樣造出來呢？

有人說，這是因為王艮仲參加了「民主建國會」的緣故。可是，民主建國會中，有楊某某在，比起王艮仲與黃炎培，楊衛玉之關係深長百倍，卻曾因參加過國民黨特務機關，鎮日戰爭兢兢，後來在秧歌王朝中之地位，且比王艮仲遜甚，所以，所謂民主建國會之力依然是不可靠的。

又有人說，這是潘漢年的幫助所致。但王艮仲與潘漢年是素昧平生的，淮海戰役前，他們還未正式聚會過，以素重瞭解對方歷史、思想、生活才能決定處理辦法的共產黨人，尤其是老牌布林雪維克的潘漢年，他會對一個素昧平生的王艮仲全力支持麼？

然而，奇跡就出現在王、潘的素昧平生的全力支持上。當王艮仲於一九四八年末杪偽裝被國民黨追捕，挾巨資（相當美金萬餘元）赴香港，到處鑽營「找尋靠近之路時，他便知道「民建」作用有限，所以即盡力再遠謀與中共打通直接關係，經盛康年一番拉攏，這才勾搭上了潘漢年。而盛、潘的關係是從嫖、賭、逛、跳這長期的共同生活中，密切地建立起來的。多少年來，潘某人處在顛沛流離中，但窮光蛋偏愛風流，在港滬這許多年間，唯一戶頭便是花花公子盛康年。潘能在港開起運輸行，還是盛康年幫助他最多，到了中共軍事勝利形勢迫人時，給他拉「政治皮條」最有效的當然是盛某了。王和盛某父子同是海上吮吸民脂民膏的剝削階級，當然早就熟識了，於是，一拉一搭，王艮仲有的是黃金美鈔，潘漢年看中的，喜歡的也是黃金美鈔，這一場靠近買賣，便很順利成交了。於是乎，在潘給中共中央的報告上，又洋洋得意地說：「瓦解國民黨幹部的工作又一勝利，CC系，中統系重要分子王艮仲向人民靠近，願參加我人民政府工作，為人民服務……」。

其實，內幕揭破，真不值一文錢。而王艮仲回到上海，只剩得美鈔千餘元了。這比清末花錢買功名，還要來得厲害，但他自己以為這是值得的，他今天不但還沒有被清算，而且，今天的片上，又赫然的換上兩個騎在人民頭上的銜頭了，其一是某某協商會議代表，其二是華東軍政委員會委員。既可配給汽車洋房，又可與潘、盛等狼狽為奸，助紂為虐，搜刮民脂民膏。——可是，慢慢地，事實又告訴他了，他不過是潘漢年利用來幫助搜刮的暫時工具而已，他能賺得多少殘羹冷飯呢？到了一九五〇年春天，他的振華銀行，經不超公債的負擔，便倒閉了，而且最近聞清算王艮仲聲浪四起，看其投降靠近的例子，他的生命不久就要完蛋了。

不過，從王艮仲事件看起來，使那些迷信中共的虛偽宣傳的人們，使那些渴望靠近的人們，又可發現一個祕密，就是你要向人民靠近麼？你要為人民服務麼？可以的，請送黃金、美鈔來，否則，請進看守所。假如你不信這些道理，請再聽下面這事實。

有海上「中亨」李某（因其人現仍在港，未靠近，恕隱其名），也曾盤據過國民黨肥缺多年，比王艮仲更早到香港，也找到盛康年的門下，首次見面，客氣異常，繼而請客，潘漢年亦赴宴，可是，當李某的請求提出後不久，盛忽然對李某說，潘與人合資經營出口公司，尚差美金七千元，可否請代墊？李其支吾以對，回家後猶豫不能決，下次請約會面，即遭拒絕。

假如你無財，或不肯出財，你有色也行的。今日的上海「名媛」駱劍冰，是有名的戀愛專家，曾前後和林為良、陳子谷、潘漢年、葉挺等發生過關係，或生過一胎兩胎了。後來，在「皖南事變」前，為了葉挺太太跑到皖南鬧得天翻地覆，駱劍冰才離開了葉挺，一溜煙溜到昆明，和一個基督教徒許某結了婚，與政治絕緣者多年。而許某是在資源委員會服務的一個下級技術人員。技術不高，且為人工作懶惰、生活腐化、攬舞女、嫖窯子、狂飲爛，因而在解放後一年多，也就離開了資源委員會。該會的正派技術人員，都瞧不起他，他思想上、認識上，根本不知馬克思主義、新民主主義為何物，可是，上海解放後，潘漢年趕回上海、第一個要深望的，便是駱劍冰之流的舊情人，不久，許某便在潘漢年保薦下出任上海重工業處副處長，任命一公佈，全重工業處為之譁然，因重工業處的技術人員，全是過去資源委員會的，那些從前瞧不起他，自覺技術比他高，思想比他「進步」的人，今天全在他的管轄下，開始以懷疑的眼光調查他的一切，查明他既非黨員，與共黨絕無關係，資歷技術，又無可取處，完全是因為他太太是上海市副市長潘漢年的老姘頭新情人所促成，於是，全處人員都騷動了，許某請太太向老潘哭訴，老潘老羞成怒，找出一兩個騷動得最厲害的人，抓進牢裡，以匪特罪名論處，才免強鎮壓下去，可是，潘也怕事情鬧大，設法把許某調到北平去，好在上海獨佔潘劍冰。

潘漢年這些一連串的傑作，都是千真萬確的事情，以潘漢年這樣的「標準幹部」，尚且一塌糊塗，貪財好色，「無組織，無紀律」，程度嚴重至此地步，其他幹部更可想而知了。

十六、一幅新奴隸主義社會的畫圖

新奴隸主義，是專制、野蠻、殘酷、非人性的舊奴隸制度，加上現代化、俄國化、科學化、大規模集中化，高度組織力的剝削、壓迫、監視、管制、奴役、毒害、屠殺的內容。所以，毛澤東的新奴隸主義的政權，是中國歷史上空前的，而且，也是絕後的，最專制野蠻的政權。這種專制、殘忍、野蠻的極端性的特點，主要反映在：

（一）從奴隸的佔有情形上，從奴隸階級範圍的規分上，毛澤東的新奴隸主義是舊奴隸制度的加強和擴大。

舊奴隸主義的奴隸的主要來源，是戰爭中被俘過來的俘虜，和少數破產的自由民，但獨立的自由民階層，奴隸主在政治上並沒有像對奴隸一樣來壓迫他們。而毛澤東，卻除了視被其在戰爭中打倒的所謂反動派，和被其俘虜過去的所謂地主階級官僚資產階級、買辦階級的遺民為當然的奴隸，要強迫「勞動改造」外。就是他的統一戰線所要「統一」的民族資產階級、小資產階級，一樣也被鬥爭、被管制、被奴役，雖然形式上是自由民，但本質上卻是道地的奴隸。沒有罷工的自由，被強迫廉價出賣勞動力給新官僚資本——新奴隸主資本接辦的工廠、礦場，以強迫生產競賽方式，作無限制的、超時間的，超體力的，對工人的剝削，迅速驅工人走上疾病、殘廢、死亡的剝削，簡直置工人於奴隸不如的地步，表面上，形式上似為主人，實際上是工，是最下層的奴隸。另外，形式上由地主手中分點土地給農民，收穫可免繳地租給地主，也算是農民翻身了，但實際上，每次收入，十分之八以上，在各種微捐名義下，送入代表新奴隸主設立的倉庫裡，形式上似乎解放的農民卻變為成實際的新農業奴隸，終歲不得一飽，比從前更難活得下去。

前者形式上事實上的奴隸，和後者形式似自由民而實為奴隸，形似主人而實為工奴農奴等等，各式各樣的奴隸，其本質是一致的，就算是奴隸主的幫兇，中共的中下級幹部，還是沒有肢掉它的基本上的奴隸性的，他們一邊是被奴役，一邊是奴役人民。至於中共上級幹部，雖然是我貴族，是部分的奴隸總管，但一邊仍被毛澤東奴役著，受直屬毛澤東和直屬莫斯科的特務所監視著，其生活還是不如舊奴隸制度下的貴族的，同樣新奴隸主頭子毛澤也沒有舊奴隸主那條的獨立性的，在他頭上，還有準備充當全世界新奴隸主頭目的史達林在指揮監督著。

（二）從人身的佔有權上，從人身自由的侵奪權上，毛澤東的新奴隸主義是舊奴隸制度的加強和提高，但注入俄國化、現代化技巧。

在舊奴隸制度下，奴隸主佔有奴隸的身體，可以把他當牲畜一樣買賣、可以強迫他做任何的工作，可以隨時殺害他，停止他生命的繼續，奴隸沒有居住、旅行的自由，沒有說話和思想的自由，奴隸只算是「會說話的工具」，但他在奴隸主的眼裡、是一種賤價或無價的工具，他有時比「不會說話的工具」，——犁耙、石磨、和「半會說話的工具」的牛馬等還不值錢，死一匹牛馬，損壞一具犁耙、石磨，奴隸主還比較死掉一個奴隸來得關心。

在毛澤東的新奴隸主義制度下，雖然注入俄國化、現代的技巧，沒有公開的人口買賣，而以公開的人力配給來代替。另一方面，人民的身體自由，是完全由新奴隸主的管制執行機關所佔有的，它可以強迫新奴隸們任何的工作，可以隨時殺害他們，他們非經新奴隸主管制執行機關之一——公安局的核准，沒有居住和旅行的自由，否則就是拘禁，他們沒有思想、言論、出版、集會、結社的自由，只有被御用的，奴隸主的幫兇們，才有點被指定的說語和行動的「自由」（？），但舊奴隸們還有沉默的自由，新奴隸們卻連沉默的自由都沒有。他們同樣是一具「會說話的工具」，但在毛澤東眼裡，千萬具「會說話的工具」都不如一具「不會說話的工具」——如發動機、紡織機、拖拉機等，所以工業奴隸、農業奴隸們儘管死亡，毛澤東都不會比較損壞一架機器來得關心，至新奴隸們，今天，也好如舊奴隸們的心情一樣，忿怒無處發洩，只好以毀壞機器、設備來發洩他們的抗議了，所以，各地廠礦，意外損毀事件，不絕如縷，已可見新奴隸們反抗情緒的一班。

（三）從剝削程度的深刻上，從剝削手段的殘酷上，毛澤東的新奴隸主義是舊奴隸發展的更高階化、更惡毒化、更科學化、更無人性化。

在舊奴隸制度下，為奴隸主從事農業生產的奴隸，從事手工業生產的奴隸，和從事其他畜牧雜役的奴隸們，一生被壓榨，僅供最低限度的溫飽，任何財富的積蓄都不可能，所有莊園的土地、作坊、牛馬、一切生產工具和交通工具都掌握在奴隸主手中，自由民手中的生產工具也微乎其微。奴隸們，沒有罷工罷耕的自由，偶語者受刑罰，逃亡者或暴動反抗者殺！有些還帶著腳銬手銬工作。

在毛澤東的新奴隸主義制度下，為了新奴隸主政權，從事工礦業生產，和其他交通建設而出賣勞力的奴隸從事農業生產的奴隸——由分散的農奴到集中的農奴，終歲勞苦，勞力被壓榨乾淨，而所得，尚有不如舊農奴者，因他們常常連最低限度的溫飽也不足，加上如上面指出過的超體力，超時間的強迫勞動，強迫生產競賽等非人性剝削，使殘廢率、傷病率、死亡率空前高漲，就是在所謂現在殘存一點，將來全部消滅的私營廠商中出賣勞力的工奴們，因為受處理工奴的一般的表面幫助，實際封鎖的政策影響和新奴隸主政權破壞自由工業生產，關廠停工以飢餓政策，強迫工人賤價出賣勞力的惡毒政策影響，其遭遇，與在新的奴隸主資本接辦的工廠礦場中所過的生活差不多。他們跟舊工奴舊農奴一樣，任何財富的積蓄都不可能，所有工農的生產工具和交通工具，多數都落入新奴隸主手中，將來更藉口「公有」而全部沒收入新奴隸主手中，新農奴和新工奴們，沒有罷工和罷耕，抗徵和抗捐的自由，新奴隸主的公安局的特務們，只要發覺你有沉默的抗議，和在腹中懷藏著反抗的企圖，便要你坦白，便要你受刑罰，一個不對，便要你受槍斃！為了使你主觀上樂意接受這些奴役，接受這些迫害，新奴隸主更科學化地建立了一連串精神控制方案，坦白制度，更惡毒地建立其密如蜘蛛網的情報網、監視網，更無人性地組織破壞五倫的鬥爭制度，煽動妻子檢舉，鬥爭丈夫，兒女檢舉，鬥爭父母，更無人性地執行傷殘肉體侮辱靈魂的毒刑，使你欲生不得，欲死不能的毒刑。

對工奴、農奴以外的兩種奴隸——那被叫「統一」起來的奴隸，和被「俘虜」過來的奴隸，其剝削方法，因各種客觀條件的不同，而創作了無數形式不同，而本質一致的剝削花樣，如在滬寧線上集中了數萬多所謂反動派殘餘和反動階級遺民，分批押送蘇北墾荒，單身男女和全家老小都有，完全在監獄式，集中公式的管制下，不准在警戒線外自由行動的新奴隸勞動營，便是集中的農奴的一例。華北、東北如此這般的工、礦、農、牧新奴隸勞動營，更是不勝枚舉，被集中人數，老小婦孺合計，在三百萬至五百萬間，將來還繼續增加著。現在，跟集中在修黃河淮河的工程中從事無償勞役的人便有廿萬以上，這是對被打倒的所謂反動派殘餘，反動階級遺民的奴役情形的紀錄，真是史無前例的紀錄。

那些被奴隸主管制執行機構收賣的工賊、或由共黨派過滲進的幫兇們所控制的各工廠、礦場的工會，由工賊與幫兇挑撥離間著，好像「工奴」們與「統一奴隸」之一的民族資產階級還在鬥爭著，其實是新奴隸主的代表、工賊和幫兇們在傳達其主子的指示，迫害著廠主，這種迫害，常使一批批「統一奴隸」逃亡、破產、關廠、自殺——如上海寶刀牌紗布廠主的自殺使是最好一例。

另一種生根在小資產階級的「統一奴隸」，他們一部分是被新奴隸主政權強迫作體力勞動，一部分強迫作腦力勞動，但不管他們是腦力奴隸或體力奴隸，不管他是知識份子、教員、農工業技術人員、小商人、新奴隸主政權還是分別逐步進行奴役他們，它迫使小商人破產，知識份子失業，製造大批體力勞動後備軍，這是奴役方法之一。指使工賊農賊或在工農會中共幹幫兇工作，嚴格統制工農業技術人員，限制其離職與行動自由，迫使其除腦力勞動外兼充體力勞動，降低其實際待遇，強迫其向工奴農奴看齊，這是奴役方法之二。建立學校內學生反諜情報網，監視其思想、言行，放任學生隨意鬥爭，侮辱老師，不准教員及一切知識份子有研究學術自由，思想自由，言論出版自由，否則，被監禁、被放逐、被押進勞動營作體力勞動之奴隸，這是奴役方法之三。知識份子唯一出路，便是向新奴隸主政權徹頭徹尾投降，誠心誠意充幫兇、充特務、出賣同伴、出賣朋友、出賣奴被役階層任何良善人民，任何敢於反抗的忠士。

（四）從對鎮壓奴隸反抗的窮兇極惡上，對集體屠殺奴隸的規模的龐大上，毛澤東的新奴隸主義比舊奴隸制度都有更大的規模和更殘酷的性質。

在舊奴隸制度下，由於奴隸中對奴隸們過分殘忍的剝削和壓迫，雖然有些奴隸們被釘上腳鐐手銬地來工作，但反抗，暴動事件還是層出不窮，奴隸主為了鎮壓這些反抗和暴動，經常進行著一連串的個別殺害，和集體屠殺。最大規模的一次，是西元前七三——七〇年在羅馬帝國鎮壓以斯巴達克為首的奴隸暴動，奴隸主瘋狂地屠殺了數以萬計的奴隸，暴動平息後，還到處檢舉受嫌和被認為不穩的奴隸，成百成千地集體屠殺著。

在毛澤東的新奴隸主義制度下，從前的不用說了，就算控制大陸後這短短時間內，對這些從各專種勞役的奴隸們，所進行的大批的屠殺，已不勝枚舉。不過，因為中共新聞封鎖嚴密，不會透露出來，接觸到與內幕有關的人，不易知悉，但一九四九年十一月間長白山森林專業公司因驅使由集中營、監獄中提出的所謂反動派殘餘五千餘人，參加採伐木材工作，受不住在冰天雪地中慘絕人寰的苦役，乃爆發了反抗，在荒山野嶺中，奴隸總管們不但使用了刺刀、機關槍，還使用了毒瓦斯，來對付赤手空拳的奴隸們。最後在一個巨坑中活埋了千餘人，這段慘案是一個死裡逃生的人報導出來的，在一九五〇年春天，我也從一個專業公司的職員口裡證實了這慘案。而一九五〇年初春，在撫順一個開發的煤礦坑中因一俄國工程師毆「工奴」而引起反抗，又屠殺了百餘人。一九五〇年五月在魯豫邊區，亦曾屠殺修堤工奴的反抗達八百餘人，近接重慶友人來函，告訴一個可怖的消息，西南軍政委會，近繳調俘虜，及其他所謂反動派殘餘，尤其是起義後被解除武裝被編成屯墾師團的部隊，混雜普通工奴達五千餘人，迫進自流井那些巨大鹽井中工作，因在井中與監工衝突，殺死監工，暴動爆發，奴隸總管們竟炸毀了出口，致死工奴達一千餘人。

在封建制度下，因為社會組織鬆懈消息容易傳播，易招廣大群眾反感，封建主們暴行有時還多少有些顧忌。而封建主雖然專制，但還設立了一點諫議制度，有時候專制得太過火了，諫議大夫們，雖不敢反對和批評，但涕泗橫流地「諫」一下是常有的。封建主們有時是因被「諫」而降低其瘋狂性的。在民主制度下，人民有言論、出版、集會、結社自由，政府若有過火行為，輿論可以揭發它，制裁它，議會可以反對它，遏止它。只有在奴隸制度下，社會是最黑暗的了，就算是舊奴隸主吧，他是沒有諫議制度的。他是不希望有、不需要有任何諫議的，請看殷代奴隸主紂王，不但對比干的意見不重視，反因他的多嘴而剖割他的心肝。現代新奴隸主的毛澤東，其專制性、殘忍性自然比紂王更厲害了。四億七千萬的奴隸們，無時不在恐懼著被屠殺何時！

（五）在舊奴隸制度下，許多大小奴隸主是分之的，是各行其是的，各奴隸主的聯盟，便給成了國家的形式——不管是君主形式或雅典共和國的形式通常都是由一個最大最強的奴隸主，來掌握奴隸主階級聯盟的政權的。

新奴隸主義制度下，毛澤東把所有的奴隸都集中在他的直接統制下，把從事各的奴隸種勞役，派遣一群代其執行監獄式統制、特務統制、軍事統制的大小奴隸總管，和狗腿幫兇，而且，賦予生殺予奪，和人力配給——變相販賣人口的大權。這樣，新奴隸主的控制權，將比任何舊奴隸主為強大。二十世紀五十年代，在中國出現的新奴隸制度，比任何區域的舊奴隸制度還要厲害。

所以不管以毛澤東為首的中國共產黨，掛著反帝、反封建的「民主革命」的招牌，還是掛著反帝、反資本家、反封建地主的「蘇維埃土地革命」的招牌，還是掛著抗日民族統一戰線的，或者是反帝、反封建、反官僚資本——反蔣介石獨裁的「新民主」招牌，而其要實行新奴隸制度則是一貫的，永遠不變的，而毛澤東要夢想成為比民國以來的一切新舊軍閥，比洪憲皇帝，比一切封建君主，比一切舊奴隸主，還要橫暴惡毒的新奴隸主，也是一貫的，不變的。

「你們獨裁。」可愛的先生們，你們講對了，我們正是這樣。

「實行專政，實行獨裁，壓迫這些人，只許他們規規矩矩，不許他們亂說亂動。如要亂說亂動，立即取締，予以制裁。」

「我們現在的任務是要強化人民的國家機器，這主要地是指人民的軍隊、人民的員警，和人民的法庭………。」

「人民犯了法，也要處罰，也要坐監獄，也有死刑………。」

「讓他們在勞動中改造自己，成為新人。他們如果不願意勞動，人民的國家就要強迫他們勞動。」

「人民手裡有強大的國家機器，不怕民族資產階級造反。」

——毛澤東：〈論人民民主專政〉

當基本勝利掌握在毛澤東手上的一九四九年七月一日，毛澤東便不再顧及，他從前向中國人民開過那無數的民主、自由、幸福的空頭支票，儼然顯露出一副新奴隸主的嘴臉，不但說明俘虜們，所謂反動殘餘們，要受他「壓迫」，要受他「制裁」，要「強迫他們勞動」，那毛澤東及其幫兇則不要勞動。同時，對形式上「自由民」的民族資產階級，毛澤東也「不怕」他們，也有「強大的國家機器」，即是軍隊、員警、法庭和監獄來對付他們，對於形式上主人的工農、人民，假如他犯了新奴隸主毛澤東的「法」，換句話說，就是假如他們不規規矩矩地做工奴農奴，不規規矩矩地做各式各樣的奴隸，就要變新奴隸主的「處罰」，就要「坐監獄」，就要判「死刑」！

由一九四九年——一九五〇年，作為中國新奴隸主政權的樞紐的北平，在錘鍊著一條鎖鏈，壓在中國人民的頸項上。

在這些人民的黯淡的歲月裡，中共中央社會部，調查研究局，軍委會總政治部、政務院公安部、內務部、情報總署，及其他有關參與統制人民的機關在不斷會報著，策畫著如何加強管制，加強奴役人民的構圖，而且，由毛澤東親自指揮監督著，加強著反人民，奴役人民的構圖，大筆地，濃重地，在原有的新奴隸制度圖版上，塗抹上新的迫害的線條，新的統制與壓榨的圖案，使四億七千萬人民，像監禁在鐵牢裡一樣被封鎖著，帶著銬鐐幹著苦役。

一幅又一幅血淋淋的畫圖出現了：

（一）特務管制與警管制的結合，在北平及市郊正在逐步實施，在全國正在逐步推行著。

對於普通戶口：即是對於如毛澤東所說的四大民主階級中的人民，而又未曾參加過國民黨與民、青兩黨及國民政府任何軍政工作，與所謂反動派等任何關係的人民，在中共的管制計畫中，是應該編進普通戶口的，是應該由該管公安分局的戶籍部門，專門掌握著比國民黨時代人數多到十倍以上的，男女兩性都有的戶籍員警來管制的，這些戶籍員警，一律施予特務訓練，教他們如何調查研究，如何監視、盯梢、跟蹤，如何偵查人民的思想、言行、家庭生活，閱讀那些書報，甚至夫婦、父子感情，經濟來源，過去詳細歷史，和隨時衝進人家實施突擊檢查人們的書信、書籍、財物、伙食優劣的檢查技術，然後每一名戶籍員警給予負責管制一百個家庭單位的工作，而不是一百個門牌號數的工作，這就使組織嚴密而效率加強，像國民黨時代那樣以街道地區來分配任務，致有時一名戶籍警負責幾條街道，戶口累萬，根本不能專心作深入之調查研究工來，致常有何處住何人之姓名，該員警亦不能說出。現在就不同了，中共不但要求每個戶籍警責專而精密，而且要求他隨時被他的上司抽查到問「李某某近況如何，夫婦感情好不好，生活奢侈還是節儉，交際忙否？言談有什麼特殊反映？」他須立刻作出詳盡而深刻之報告。總之，他每天除了集中精神「搞通」這一百個家庭的一切外，他什麼可以不管，在他手上的百名奴隸，對各種應調查研究的專案，詳細分類著，他隨時作扼要備忘，有特殊發現，隨時向上級報告。這些奴隸，如果要申請領取旅行證，必須找好鋪保，說明外出理由，適時回來，投向公安分局，或其派出所，待該奴隸監視者——戶籍警審查認為可發才發出，如該奴隸監視者認為有點不大妥，那麼，旅行證便不能發出，你有天大事情，你休想離開一步。假如領證外出，逾期回來，本人及保人均受罰，如果一去如黃鶴，那麼，保人便只好吃官司了。

在這些戶口裡，有親友來借住一下，是可以的，但是，客人一到，如果時間在下午十時前，可將客人姓名、簡歷、來往原因、逗留時間寫好，貼在門板上，則遇突擊檢查時，查與所報無誤，可免受罰，待明天才趕去公安分局或派出所報臨時戶口，如果客人在下午十時前到、須即投報，否則，不管客人好歹，主客均須受拘罰。同樣，戶口遷移、必須立刻呈報，否則，受拘罰。

這樣沒有民主與自由的「主人」和「自由民」，世界上是罕有的，這樣的生活，字典裡只有「奴隸」這兩個字，才能充分表現它的意義，不過，這些可以說，是一條鎖鏈的奴隸而已。

對於特種戶口：管制對象就比較複雜了。這裡有著所謂反動黨團的不大重要分子，國民政府軍政機關不大重要人員，所謂反動階級次要殘餘分子，過去各種人民團體，包括幫會中的二三等角色，和社會關係複雜繁多的交際花、名舞女等等中共認為比普遍奴隸較為特殊的人物，都統統納入特種戶口範圍，受該管公安分局特種戶口管制。除了遭受著對普通戶口一樣的辦法來管制外，還有如下的特點：

1. 被認為情況較嚴重的，須每週或每旬到該管公安分局報到一次，公安分局派出對某人的監視者，每月亦必作無定期的突擊訪問數次。

2. 不管在本市或外埠，即使找到職業，亦必須獲得監視者核准，才能就職，否則，外埠固然不能前往，本市亦不准到職。

3.參加被指定之座談會或情報組，須經常忠實發表反蔣，反帝言論意見，及貢獻情報，表現工作，學習「為人民服務」。

4.經常向監視者報告生活情形，絲毫不能隱瞞，這一點便常使許多名交際花、名舞女為難了，她們的同居者，她們的入幕之賓是時常更換的，但是，你也不能不坦白。因而，交際花和名舞女，也很容易變成了他的特務爪牙，這是那些愛好談情說愛的人們，應該引為警惕的。

5.這些戶口，如果在市內遷移，亦必須事先獲得核准才許可，否則，懲罰。這些可以說，是兩條鎖鏈的奴隸。

對於純粹特務管制的戶口：管制方法要嚴重了，管制的對象，當然是過去所謂反動黨團——國民黨、青年黨、民社黨，其黨派較有點地位或有點鬥爭作用的人，尤其是在軍政機關負責過相當責任的人，當共軍一旦佔領城市後，這類人必須立刻到該管公安分局或總局去登記的，抗日名將馬占山，因為他們是國民黨派，所以，北平「解放」後，他也只好到公安分局排隊登記了。否則，一逾登記限期，中共便施行逮捕監禁。但登記後固然如上面所指出過，隨時有被關起來或殺頭的可能，即使算你幸運，那被管制的痛苦，也夠你受了。所有這些人，都納入該管公安分局社會股或直屬總局社會處——一個組織龐大，殺人如麻，權力高於一切的正統的特務機關，來施以嚴密殘酷的管制。每一名特務負責管制的人最多不過幾十名，無管制者是特殊重要分子，就有減少到每一特務僅負責管制幾名到十餘名的，使他能集中精神如對待一名活動犯人一樣管制著。

被管制者，除了如村中戶口者所遭遇到的情形之外，還有如下的特點：

1. 被管制者除了一律被該特務限定日期依期報到外，有些竟規定每天必須到公安分局報到一次者，除因病重必須由家屬代報外，必須報到。這樣就根本使你無法逃亡，何況還有人在你住所盯梢，還有人給你跟蹤，自然更難希望擅越留池一步了。

2. 特務每週必須突然降臨住所幾次，調查你的一切。

3. 每次見面，你必須：

（1）「要立功贖罪」，將自己所能找尋到，發現到的所謂反動分子其住址、近況詳細報告，如果沒有這種對象，為了本身免受責罰，寧可喪盡天良，出賣朋友，誣陷良民，說某某有反動嫌疑，某某形跡可疑，堪予注意，造成了人人有不測之災到來的危險，恐怖氣氛，充滿全城。

（2）送上生活實錄，由經濟收支，到普通來往之朋友姓名、住址、關係，及一切實際生活經過，須確實而坦白，否則，有一點被特務發覺是欺瞞，那麼，就只有關進牢裡去，

（3）本人及家屬一舉一動，除了受社會處（股）正統特務派人嚴密監視外，還受胡同防奸小組，街防奸小組，這些週邊情報單位日夜守候著，

（4）要離開市區，非經社會處處長以上高級人員核准不可。——事實上，這種人，是百分之九十九不能離開市區的，也不准進任何政府機關學校供職，更不能參加任何職業工會，要在市區內幹任何職業，亦必須事先請求核准才行，

（5）隨時會關進牢裡，或直接拖去槍斃。

前上海市民政局長張曉崧「解放」前向中共地下人員勾勾搭搭，希圖靠近。「解放」後雖未被捕，但受不住這許多管制花樣，未經核准，便企圖離滬，因此被送到他家鄉，在鬥爭後予以槍斃。

這些，可以說是壓上三條鎖鏈的奴隸。在人口稀少，組織簡單的農村裡，管制便更容易了。

每縣公安局中兩大業務——行政員警與政治員警，前者是由縣長支配的作用多，而後者雖同受縣長指揮監督，但業務上，則是與省公安廳特務部門有著密切聯繫的。每縣公安局中有隱蔽的社會科，（或分為政治保衛科，與經濟保衛科）縣主各公安分局或公安派出所，都有著這一脈相承的特務系統和組織，通過，伸入農村的層而直接與總政府，村政府，村幹們，密切聯繫著，編織成一張農村的特務網。

本來，農村中的貧雇農，中農，照毛澤東的騙人說法，是農村中的主人（？），可是，第一、為了防止這些「主人們」逃避參軍；第二、為了切實使這些「主人們」按時獻糧；第三、為了防備這些「主人們」給反對派充特務；因為中共知道，作特務是沒有階級性的工人可以，農民更會；第四、為了防止「主人們」給所謂地主，惡霸，土匪，反動派殘餘收買。於是，被毛澤東稱為「人民的勤務員」的鄉政府，村幹部們，和由被奴隸小總管們收買的「農賊」——鄉、村農會主任們，便和該管公安分局或公安派出所有的特務們聯結起來，居然以「勤務員」的資格，對「主人」實行管制了。

如何管制呢？當然離不開在城市裡使用那一套，不過，因農村環境特殊，技巧上稍有變更而已。主要如後：

1.這些「主人們」如果因事超過三夜不能返村住宿，必須事先向村長、村農會主任等村勤務員們請准，否則，受罰。

2.沿海，沿國界邊境——與蘇聯邊境當然除外——各省縣農村中「人民」外出經商旅行，境以內，須持村長、村農會旅行證，出縣境以外，須持區政府以上或公安分局旅行證，其領取手續，如上述城市中領取一樣。

3. 這些「主人們」必須服從「動務員」們指揮，參加農會或其他部門一項工作，「農賊」與村幹們經常在其座談發言與工作表現中，考核其對新奴隸主政權之忠誠，稍有動搖或反動形跡，即其公安派出所協同監視，必要時予以逮捕。

4. 如在參軍、獻糧或支前高潮中，「勤務員」們稍微發見「主人」們有絲毫不協同或反感，便立即逮捕。

這些也可以說，頸項上只是壓上一兩條鎖鏈。

至於曾任農村所謂反動黨團中重要職務，農村軍政機關中相當職位，或被「奉」為地主，惡霸者，其前途就只有三條：

（1）「解放」後立刻逮捕、清算、鬥爭，判徒刑、公審、槍斃！

（2）等待被清算、鬥爭：這種人，大多被民兵及公安派出所監視著，不能離鄉村，或者是等候鬥爭高潮與反動線索搜集，即予拘捕刑罰，較幸運者是財產被清算後，強迫參加一項行動不自能由之勞動隊，從事農墾，或採礦，或漁業水利之勞動頭過著集體奴隸生活。

（3）最後，這是最幸運的一種：於財產被清算鬥爭，或無財產清算，而被認為有罪過，經短期所謂「改造教育」的拘禁後，就地強迫「勞動改造」，分一點不足養活家小的土地耕種，但被鄉村特務網所控制著，永不准離開本鄉，加發現有不滿現狀情緒，或企圖脫逃，即予拘究。

這些，有的頸項上壓上三四條鎖鏈，有的加上屠刀，有的，則「解放」的炮聲，便是他行刑的號音了。

（二）全面特務化的構圖：在北平正在逐步實施，在全國正在逐步推行著。

中共政權控制下，所有陸、海、空交通事業，下至三輪車、黃包車，所有酒店、旅館、娛樂公共場所，所有公私企業、商號，所有宗教、民間團體，所有在社會生活的橫面上，縱深上會出現集中的人群的地方，中共都要把這些人群，進行所謂「組織教育和領導」，有群眾運動性質的紅色職工會，有胡同聯誼會，來全面控制著人民的公開活動，來全面控制著人民的各色各樣的群眾運動——可是，由於毛澤東新奴隸主義反動統治的結果，天怒人怨，在各種被控制的群眾組織裡，又湧現了大批來自群眾的反抗和不滿的情緒裡的「隱蔽的敵人」，那麼，中共就只好乞求於大規模的特務統制計畫，和群眾運動政策密切結合起來。有些群眾組織和群眾運動，根本就是特務統制工作的一種形式。

從群眾中培養，收買大批敗群之馬充特務，再從特務機關中派遣大批有經驗的特務滲進群眾中去，以偽善的面目出現在群眾隊伍裡，在人民不知不覺中進行搜索，進行謀害。

像對交通事業的特務統制吧：在鐵路方面，除了公開的××鐵路局保安處外，中共特務機關還先選擇調訓，將來全面調訓，車站上的雜勤人員，由職員到工人，和車廂裡的查票員、侍應生、車長等，長途汽車公司的稽查員、傳票員也同樣給予選擇調訓，組織成一個情報小組，每刻鐘都在嚴密監視每個客人的動作、言談，一有可疑，即報由公安處公開人員予以搜查、拘禁、追究。輪船的水手、船員、侍應生，碼頭雜勤人員，也予以同樣組織，訓練，和運用，民用航空事業剛才開辦，但「航空小姐」和民航站一部分地勤人員，已先調社會部特種「幹訓班」受訓了，俗語說：「明槍易擋，暗箭難防。」公安機關那些公開人員，那些容易暴露，容易使人提高警惕的老牌特務們，使人民不易上當，但一些老實的人民等閒視之的雜勤人員，丰姿漂亮，招呼周到的「航空小姐」，就會使你在不知不覺的一言一語不慎中，使他（她）們看中了你，馬上請你去「坐監獄」。就是三輪車夫、黃包車夫之微弱作用，他們還是把它組織起來，情報小組由公安分局公安派出所的特務系統聯繫，協助偵查，盯梢，跟蹤其工作，聽說，北平市破獲好幾件人民反抗毛澤東新奴隸制度統治的案件，都是藉助於三輪車夫情報小組的。同時，中共特務機關還選派有經驗的特務人員滲進這些交通機構裡，表面上同樣應黨這些普通男女雜勤人員，以加強這一系列的人民的謀害行為。

據中共社會部設計，實施這計畫的第一階段，只求佈置特務十萬，但五年後，則要擴充到這類熟練特務五十萬人以上，換句話說，就是全國的陸上、水上、空中，交通業務人員，大部或全部要特務化了，將使人們在中國境內旅行，就好像在特務網裡兜圈子一樣。

又如對旅館、酒店，公共和娛樂場所的特務統制，我在上面「特務化的招待制度」一文中所寫過的，中共對交際處招待所如北京飯店等，那樣嚴密的特務管制，要十全十美地搬到私營旅館、酒店裡去，是不容易的，但那些主要方法，卻正在北平和其他大城市的私營旅館酒店中實施了，對於公共和娛樂場所的特務統制也同樣實施了。

1. 先由旅館、酒店，公共及娛樂場所的職工會，調訓一批職工，施予一般的政治訓練，和簡略的特務訓練，在學習和爾後的工作中經過考核挑選，再調入該省市（縣）社會處（科）特務訓練班受訓，受訓完畢，回到原來的職業崗位裡工作，不得暴露身分。

2. 旅館、酒店，公共及娛樂場所中特務，全以區域編組，隸屬於該管公安分局，或公安派場所的社會股（組），協助他們偵查，每天彙集情報報告，當然，旅館、酒店是會比公共及娛樂場所更重要的，他們可以趁客人不知不覺中，檢查其行李衣服，書籍函件，注意是言談來往朋友們向公開軍警特務提供可疑人物，使人民動輒遭殃。

3. 公共及娛樂場所中特務，使步入這場所中的人們，雖然是一剎那，但假如有人舉止值得他們可疑的話，有一句半句所謂「反動」言談，或不滿現狀口氣的話，特務們馬上一個電話，該管公安分局及其派出所，便有公開特務來抓走你。

據中共社會部設計，這計畫實施的第一階段，全國要佈置這種特務在三十萬以上，五年後必要擴充到熟練的二百萬以上。加上其他的特務統制的構圖，毫無疑問的，毛澤東的天下，是「草木皆特」了。

而且，還打算將來對一般外僑，由離開碼頭、車站、航空站，即由外事特務指言其居區域（不論是酒店或住家）並限定其旅行範圍。但對其主子蘇帝的大鼻子們，則升堂入室都可以。

對所有宗教機構及民間團體，像基礎鞏固，群眾財雄勢大的天主教、基督教等，則由中共特務機關祕密進行，分裂其內部收買其動搖分子，個別的，而且是公開的藉端迫害其忠實信徒，而以收買為主，分裂與個別迫害為輔。至對佛教、道教等基礎雖大而力量不雄的宗教，則以瓦解為主，收買充特務為輔，對於非官辦的民間團體，除可藉故鎮壓的幫會，和所謂反動派週邊團體這連形式上也不容許在存外，對同鄉會，同業工會，氏族會等，暫時形式尚容許殘留的，但中共必須在裡面建立情報關係，而且，使祕密潛存在這些民間團體裡的特務小組，不但可能將該團體每天一舉一動彙報特務機關，還可操縱左右這些團體的動向和活動。

因為，天主教的組織上比較緊密化，領導上比較系統化，團體生活上比較團結化，由羅馬教皇到世界任何窮鄉僻壞的一個神父，都堅強地貫通著它的傳統性的信仰，與某階段的信念，所編織成的金世界一致的運動的規律。加上中國天主教于斌反共立場的堅決性，和它在中國擁有過千萬的虔誠的信徒，這些信徒在中國的城市和鄉村中，都有其相當的影響，尤其是，假如他（她）們站在反共立場的話，很可能有巨大的鬥爭作用，所以，中國天主教會，便成了中共特務機關的一個主要的統制對象了，比對基督教會重視得多。雖然在現階段的統制原則上，仍然是「以收買為主，分裂與個別迫害為輔」，但在運用上，有值得特別指出的特點：

1.宣傳、誣衊羅馬教皇與于斌大主教為「美帝」特務機關服務，根據這一邏輯，那麼，中國大陸上任何一地區主教，神父和天主教徒，都可能是美帝特務。這些對天主教會來說是降低其在人民群眾中之信仰及其影響的在對人民群眾來說，是恫嚇人民群眾，要他們疏遠與隔離天主教的，還鼓勵群眾無理地警惕它，監視它，破壞它的傳教自由。

2.用權位、虛榮，甚至用金錢收買天主教會中少數不肯的、投機的反動落伍分子，由教徒到神父，培養他（她）成為向中共效忠的特務，在教會及其附屬事業機構中，建立情報組織，配合由中共特務機關選派原屬天主教徒之有經驗特務滲進去活動，積極搜集供給中共特務機關，進行分裂活動與準備作個別迫害，鎮壓的情報資料，製造似是而非的事實，嫁禍於天主教的忠實信徒。

3.繼續進行加強，擴大對天主教會內的分裂運動，誘脅一部分人發通電，進行所謂宗教革新運動，積極培養，那些偽裝天主教信徒的特務們，獲得爭取領導權的機會，以遂其在現階段使特務統制整個教會的目的。

以上這些計畫，已一邊在實施了，天主教徒被槍斃的槍斃，被拘禁的拘禁了！

據中共社會部設計，第一階段，在各種宗教機構，民間團體中，培養特務二十萬；五年後擴充為一百萬熟練特務，使人們欲「出家」避難也不可能了。

至於中共自己手裡的官辦人民團體，如婦聯、學聯之類，和公私企業及其職工會、廠、礦、農場、牧場、學校、除主管部門，佈置的黨團控制網外，為補不足，中共特務機構，一樣在其中建立特務情報組織，加強迫害善良，加強統制。

中共的軍政機關當然不用說，早已有著那一貫的，嚴密而無情的特務網彼此監視著。而對中共高級黨政軍幹部們——臭名昭著的大幫兇，大奴隸總管們，一樣也在毛澤東直接領導的「特別監察組」的通天特務們統制著，前面也略述過了！

這就是可怖的，全面特務化的構圖。

經濟上的「超剩餘勞動力」與「無償勞動」的剝削，結合著政治上的特務化的全面性管制，就是毛澤東的新奴隸主義的內容，就是毛澤東的血淋淋的新奴隸社會的畫圖。

十七、反共宣傳鬥爭與反共文藝運動

（一）反共理論與反共宣傳鬥爭

反共的行動是多方面的，反共的實際鬥爭是多方面的，把廣大人民有組織地團結到反共戰線上來，把反共陣營的組織加強與擴大起來，戰鬥力提高起來，以及從組織上去瓦解與分裂敵人的陣營，孤立敵人陣營中的頑固派，孤立那些堅決與世界人民為敵的共黨死硬派，這是反共的組織性行動，這是反共的實際組織鬥爭。把我們的反共的群眾武裝起來，用武裝鬥爭方式把敵人擊潰、殲滅。這是反共的實際武裝鬥爭。把我們的戰鬥組織，滲入敵人的政治經濟與軍事保衛機構、獵取敵人這些機構的社會情報；掌握敵人的一切機密，破壞敵人的一切保衛機構；同時，有效的保衛我方的一切機密，保衛我方組織的安全與各種戰鬥活動的勝利，這是反共的情報性的行動，這是反共的實際保衛鬥爭。從思想上，從觀念上，從意識形態上，從對各種社會問題的看法上，把敵人灌輸到廣大人民腦海裡的或多或少的印象，徹底的肅清，徹底的粉碎，把廣大人民的反共頭腦武裝起來，反共的思想、概念、反共的意識形態，興趣、情調、都充滿了日常的生活中，這就是反共的宣傳鼓動行動，這就是反共的宣傳鬥爭。

反共理論，是反共的一切行動的指南，怎麼樣的反共理論，會指導出怎麼樣的反共的組織鬥爭，會指導出怎麼樣的反共的武裝鬥爭，會指導出怎麼樣的反共的保衛鬥爭；同時，會指導出怎麼樣的反共宣傳鬥爭。而反共的宣傳鬥爭，卻是反共的重要行動之一——宣傳鬥爭是組織鬥爭的發動機，是組織鬥爭的加強者，同時，是武裝鬥爭，保衛鬥爭和其他鬥爭的鼓動者。

因而，我們無條件地否定，那些唯武器論者，輕視宣傳鬥爭，忽視宣傳鬥爭的觀點，我們要強調宣傳鬥爭的重要性，唯武器論者到今天還認為他們的失敗，完全是軍事性的失敗，是俄帝拿過關東軍陸十萬精銳武器武裝東北共軍所引起的失敗，而沒有強調別的戰線上失敗的重要性——尤其是沒有強調在宣傳戰線上嚴重慘敗所促成全面潰滅的重要性。他們有意無意地輕視著這樣的一種情形：由於廣大的各界人民，尤其是廣大的知識份子，從教授學者，到男女青年學生，因為受了共黨強力宣傳的麻醉，不怕國共邊界上封鎖得嚴密，冒著生命的危險投到共區，除了一部分參加到各種工作部門外，大量的參加到共軍去，經過軍事訓練，便是一員武裝鬥爭的補充者，使他們的軍事幹部不斷的強大，幫助了武裝隊伍的不斷壯大，這就說明瞭宣傳鬥爭與武裝鬥爭的關聯，從前，在國民黨統治時期，各界人民，主要還是知識份子，因為受了共黨強力宣傳的麻醉，不怕國民黨軍警特務機關的逮捕、刑罰、鎮壓、一大群一大群地投進共黨的地下組織去，因而強大了共黨的地下鬥爭、破壞、動搖了國民黨的後方。許多地方通過了激烈的群眾運動、政治鬥爭後，也發展了武裝鬥爭，推翻了國民黨的地方政權，這也說明了宣傳鬥爭與組織鬥爭的關聯。更可怕的，便是強力的宣傳麻醉作用，滲透了國民黨政治保衛部門，使那些國民黨的核心幹部也一群群的動搖，祕密參加了中共的工作，使國民黨的軍事、政治、經濟和其他部門的保密制度都徹底的破壞，幾無祕密可言，促成了無往而不敗的局面，這就說明了宣傳鬥爭與保衛鬥爭的關聯，其他方面的關聯，幾乎也是同樣發生的。

因而我們的認識以往東北共軍武裝的加強僅是次要的，假如國民黨沒有這些主要的失敗因素，五倍十倍於當時東北共軍的裝備形勢，還是可以把它擊潰，把它殲滅的。有了這些主要的失敗，共黨就是沒有東北新裝備的形勢，國民黨還是要失敗的，還是要潰滅的。勝敗的主要關鍵，毫無疑問是國民黨從宣傳鬥爭、到組織鬥爭、保衛鬥爭上，都早已全面失敗；而這些失敗，自然是他們主觀的不努力與客觀的腐敗互為因果的——誰也不能說，最好的宣傳會掩蔽了事實上的腐敗，但國民黨則在腐敗的事實上，又加上了宣傳工作的不努力，自然更加深了宣傳鬥爭的徹底失敗。

反共的行動是多方面的，反共的實際鬥爭是多方面的，宣傳鬥爭是反共實際鬥爭的主要的一面，反共理論是反共行動的指南，也就是反共宣傳鬥爭的指南，可是今天自由世界的反共理論是怎樣的呢？自由世界的反共理論是怎樣指導反共宣傳鬥爭的呢？

(二)自由世界的反共理論

直截至目前為止，自由世界的反共理論，從自由中國到整個自由世界，就好像百貨公司的陳列品一樣、複雜、分歧、莫衷一是，常常有使人無所適從的感覺。這些反共理論，簡單的分別起來，可分為下列三種：

1. 基本否定馬克思主義的理論，與列、史、毛的實踐的反共理論。
2. 部分贊同馬克思主義的理論，與完全反對列、史、毛的實踐的反共理論。
3. 完全贊同馬克思主義的理論，與部分反對列、史、毛的實踐的反共理論。

第一種反共理論，在自由世界裡，傳播得很廣，而且，歷史也最長，自從馬克斯，恩格斯建立了，辯證唯物論與歷史唯物論的觀點，階級鬥爭的學說，社會主義革命的理論後，以唯心論與二元論為基礎，反辯證唯物論，反歷史唯物的觀點，便比從前更加強起來，同時，無條件的否定了階級鬥爭學說的成立，否定了剩餘價值論的說法，對資本主義制度內所發生的矛盾與弊病，認為是可以用限制資本家利益，提高工人福利，加重累進稅，防止私人資本的過度集中，以國家計劃經濟來防制生產過剩與消費不足的發展，來減低和避免過期性的經濟恐慌的危機等等來消除的。這一種反共理論，一直發展到現在，它是絕對否定馬克斯主義理論的正確性的；因而它對列、史、毛的實踐，基本上是否定了他們的正確性的。而且，認為他們是違反歷史發展規律的。而這種反共理論，根本上還認為列、史、毛今天的實踐是照馬克思主義的真正原則實施的，是馬克思主義理論的忠實執行者，同時，若干新論調，是照著馬克思主義理論的原則發展起來的。這種反共理論，在自由世界普遍的存在著，英國的保守黨，美國的共和黨、民主黨，和世界許多國家的執政黨都有這種見解，在中國也同樣的存在著，蔣介石先生所領導的國民黨除了這種基本認識外，還提出了馬列主義不合中國國情的國情主義，作為反共理論的根據。

除了對馬克思主義理論及其政治制度的實現，進行著這樣的反駁外；對他們在各種實踐工作過程中，所表現的史無前例的殘忍、專制、暴虐、貪污、腐化與荒淫無恥的行為，幾乎是一致地斥責著。成為反共宣傳的重要資料，而且，也形成了反共理論的一部分。

第二種反共理論，自從第二國際分裂以後，便獨立地加強起來。現在，已發展成為反共理論的一支重要的生力軍了。他們部分的承認了馬恩的辯證的歷史的唯物論觀點的正確性；但是，他們對階級鬥爭論卻不能完全苟同。他們擁護社會主義的經濟制度與政治制度改革，擁護逐步把重要生產部門及土地權歸國有，但他們不贊同以激進的流血的武裝鬥爭為改革的手段，而相信以緩和的和平的方法，可以達到改變資本主義制度而成為社會主義制度。因而，它對於掛著馬克思主義招牌，進行激進的、流血的、殘暴的階級鬥爭的列、史、毛的一切實踐，基本上是反對的。他們還認為列、史、毛所追求，所實現的所謂社會主義，共產主義，和馬恩所繪描的社會主義，共產主義也有著很大的距離，這種反共理論，在自由世界的社會民主黨裡，是普遍的存在的，尤其是以英國費邊學社，工黨的學者們，把它發展得很好，理論的質也提得頗高，在中國，反共的民主黨派，也很多持著這樣的見解，作為反共理論的根據。

除了對馬克思主義的理論和列、史、毛的實踐方法持著這樣的反共理論外，同樣的對他們在各種實踐鬥爭過程中，所表現的史無前例的殘忍、專制、暴虐、貪污、腐化、與荒淫無恥的行為，幾乎是一致地斥責著，成為了反共宣傳的重要資料，而且，也形成了他們的反共理論的一部分。

第三種反共理論，由第三國際的分裂，狄托組織第四國際，以致中共內部毛澤東反對派的逐漸形成。這一大批人的反共理論便更新穎了。他們始終是以馬列主義者自命。他們有些完全贊同了馬克思主義的理論，只有對列史的革命實踐有著部分的反對的（像托洛斯基、布哈林、季諾唯也夫等）。有些還完全贊同了馬克思與列寧主義的理論，只有對史大林派的所謂革命實踐路線和方法，有著部分的反對。尤其是對史大林將封建家長制度作為他領導世界革命的組織制度，引起狄托主義者的更大的反對。他們認為黨內的家長制度，蘇維埃內的新封建專政，對工農階級變相的加重剝削，工奴主義與農奴主義的復活，新金融寡頭的興起，人壓迫人，人剝削人，人吃人的情況比資本主義社會更嚴重百倍地存在著。當年馬克思所夢想的幸福世界不但未見出現的在史毛的統治下，就是列寧臨死前所欲計程到達的社會也漸漸變質了，史大林派不但背叛了馬克思主義，而且，還背叛了列寧主義。要實行真正的共產主義，建立一個理想社會，不但要反對史大林派的領導，而且還必須把史大林派打倒。這種反共理論，現在不但存在於俄國，南斯拉夫，和中國，而且，也很普遍地存在於世界各國共產黨內，反史大林派的陣營裡了。

這些人，認為史毛統治下，一切倒退的、反動的、專制腐化的、荒淫無恥的現象，是史大林派歪曲馬列主義的理論與實踐必然的現象與結果。他們要求從根本上去打倒了史大林派的統治。

除了上列三種外，介乎第一與第二種之間的觀點也很流行，孫中山先生是很接近這種觀點的，介乎第二種與第三種之間的觀點也有不少人，在中國也擁有很大的影響。

這幾種反共理論，雖然立場上大家是一致的——都是不折不扣的站在反對史大林派的立場上的；可是，由於認識的不同，便造成了反共理論內容的分歧，便造成了反共理論內容的多樣性。

事實告訴我們，紛歧是有害的，一致是有利的。這不但在中國如此，在世界更是如此。反觀敵人，卻是一致，對某一問題的看法，昨天也許有紛歧，明天便一致了。以紛歧的力量來對抗集中的敵人，這顯然是不利的。

可是反共理論該一致的建立在哪一點上呢？

有人主張建立在第一種或第二種觀點上，亦有人主張建立在介乎一兩種之間，或兩三種之間的觀點上，而共產黨陣營中反對史大林派的人們，則主張建立在第三種觀點上，這個問題，不但在中國沒有清楚的解決，便是在世界各國裡似乎也是如此，我個人覺得這幾種理論，都不夠完整，沒有高度的系統性，不夠理想的，事實上正等待著我們加緊進行，從事建立高度質量的，系統性的，完整性的反共理論的工作。

（三）自由中國的反共宣傳

反共理論的多樣性，決定了反共宣傳的戰略與策略的多樣性，因而，形成了反共宣傳戰線上，步驟的混亂，觀點經常互相抵觸，努力相互抵消，效率相互削弱，造成了反共宣傳鬥爭的技巧上難於克服的許多困難；加上若干宣傳機構本身的商業本能，圖利企圖，更降低了反共宣傳的作用。這種情形，從自由中國到自由世界，都是一樣的存在著——這是我們必須正視的現實，這是我們絕對不能諱疾忌醫的。這是全世界自由人民所應該亟謀補救的。

在過去，國民黨統治下的中國，除了因為反共理論缺乏完整性、系統性，缺乏高度的戰鬥性，加上國民黨本身的腐化，對領導反共宣傳工作的怠工與無能，不管在哪一階段，都顯示著可怕的慘敗。在十年內戰爭期間，國民黨是一黨專政的，它不容許其他黨派公開參加反共，不容許任何黨派的合法存在與公開活動，從反共的軍事鬥爭到反共的宣傳鬥爭，它都一手包辦。可是，在反共的宣傳鬥爭上，它卻近乎包而不辦。除了官辦通訊社的一點電訊每天報導一點反共消息，給人民一點反共的時局動態外，官辦的報刊，從《中央日報》、《中央週刊》起，到地方小報刊止，都是毫無起色，爭取不到大量讀者。官辦的幾家大出版社、書局、（如正中書局等）也沒有出版過多少有價值的反共著作。從質方面說太低，從量方面說太少。而爭取到大量讀者的，中間偏左的報刊，表面上或者親政府，參加反共，但內部或者給共黨的隱蔽份子所操縱；或者給左傾份子所左右。御著民主外衣，進行著馬列主義精神的直接或間接的宣傳。任何人只要回憶一下當年范長江輩廁身其中《大公報》，即可想見一斑。黎烈文主編的《申報》〈自由談〉，與乎幾成為共產黨反對政府的「匕首陣地」，魯迅軍利用它對政府作冷嘲熱諷之能事。其他獲得讀者較少的報刊，很多都類似這兩家第一流報紙的情形。至於鄒韜奮的生活出版社，與李公樸的讀本生活出版社，所出版的刊物和叢書，幾乎就等於代替了中共宣傳部的一部分工作。當時中共不能公開掛出招牌來活動，但大批宣傳幹部都隱蔽在類似這兩家一樣的出版機構裡。毫無疑問的，這種做法，的確能切實的完成或加強馬列主義宣傳教育和擴大影響的作用的。出版書刊，由理論到文學、美術、雕刻畫、戲劇、舞蹈、音樂、完全都集中了一個目標——加強馬列主義思想的宣傳教育和擴大影響，而發行和流通，直深入到窮鄉僻壤中去，比較國民黨的反共出版物，實勝千百萬倍。再加上莫斯科外文部出版的中文馬列主義著作的流通，更加強了這文字宣傳戰線上的壓倒的優勢。共產黨的宣傳技巧，除了加強文字宣傳外，還要以普遍的文化藝術的群眾運動相配合。早期集中的「左聯」，後期分散的各種文化、美術、木刻、戲劇、音樂、舞蹈等協會，不但有幹部，而且有群眾，有活動，還有波瀾壯濶的運動。各種運動都可能深入到群眾的層，與廣大人民結合起來。當時的國民黨，雖然自己握著政權，但宣傳官們，卻沒有把宣傳工作與群眾運動結合起來；即使掛上一兩個群運性質的招牌，仍然是只有招牌而沒有工作，沒有活動和運動的。對於宣傳工作中的重要武器的戲劇，共黨更是大力地掌握著。它的劇作導演幹部，劇演與劇影幹部，都一大批，一大批的隱藏在國民政府的戲劇學校和演出部門中。這種隱身伎倆，雖然不能正面的，直接的宣傳馬列主義思想，但隱隱約約的散播馬列主義的意識是做到了。不管抓到什麼題材，反封建的吧，反軍閥的吧，抗日救亡的吧，反漢奸的吧，他們總不肯放過滲進一點馬列主義意識進去。一句話，共黨的宣傳工作是全面的，而國民黨卻是片面的；共黨是深入的，而國民黨卻是表面的；共黨是有形式有內容的，而國民黨是有形式無內容，而且，是完全脫離了群眾的。十多年內戰中，國民黨雖然藉了國際援助，及原來的優勢的軍事對比，與後期的賽克特計劃，在武裝鬥爭上佔了一定程度的勝利，但在宣傳戰線上，已大大的失敗了。共黨已贏得了人心。

抗日戰爭開始後，共黨獲得了比內戰時代大得多的宣傳便利，而國民黨的反共宣傳又礙於「團結抗戰」的大前提，基本上不便於如抗戰前一樣正面的進行反共宣傳；加上宣傳官的不積極努力，側面的反共宣傳效率比之前更微薄。上面指出的情形更發展得嚴重。抗戰八年，可以說，國民黨在宣傳戰線上，已徹底的失敗了。

抗戰勝利和談破裂，正式宣佈「戡亂」後，照理國民黨該急起直追宣傳戰線上應該全面動員，比共黨更大力地進行宣傳戰鬥才對。可是，事實表現出來，它比當年內戰時還不如，直至與大陸全軍覆沒。

退守台灣，思過改進的這兩年中，照理，應該比當年共黨還要「努力」和「有能」百十倍才對。可是，在漫長的歲月裡，有什麼表現出來呢？消耗大筆宣傳費，養宣傳官，而結果卻毫無成就。

反共理論的多樣性，反共理論、指導反共宣傳的戰略與策略的不一致性，形成了反共宣傳活動的紛歧與紊亂，這固然削弱了自由中國的反共宣傳工作，而國民黨政府一貫的對反共宣傳的怠工與無能，更削弱了自由中國的反共宣傳。今天，自由中國的反共宣傳鬥爭的責任，應該由自由人民自行肩負起來了。

（四）怎樣加強反共宣傳鬥爭

「怎樣加強反共宣傳鬥爭？」我相信每個投身反共洪流的自由戰士，對這一道課題，都會每刻不能忘懷的。我自從到了香港後，便常常想著這個課題，便常常想針對著這個課題，提供一點意見，給大家參考。

我想，第一個問題，還是加強反共理論問題。

本來，反共理論是與反共宣傳鬥爭互為因果的，互相配合的。反共理論的加強，可以正確的，有力的指導反共宣傳鬥爭的大力開展，從宣傳鬥爭與其他的鬥爭實踐不斷加強與發展中，歷史知識與新的鬥爭經驗的結合中，可以提高了理論的質，又可以不斷加強與擴大了理論的量。單從書齋裡創造出來的理論，即使不是完全空洞與不切實用，但常常是可能與實際使用發生距離的。所以，我以為，反共的理論家們，有著高度的社會科學水準與政治水準的理論家們，和有著豐富的政治經驗的實際政治工作者們，首先就要切切實實的投身於反共實際鬥爭中去，才能為加強反共理論有著切實的供獻。

其次，我以為，上面所列舉出的幾種反共理論，即使某一種不是完全可取的，但也決不是無一足取的。在現階段站在反共的立場，向著各種反共理論，進行善意的批判與糾正，選擇與整理，揚棄那迂腐，空洞，不切實用的，汲取那些現實性的，戰鬥性的，適合於反共實際需要的。把這些歷史知識與新的反共實際鬥爭經驗結合起來，便可能逐步把正確的，有系統性的，高度水準的，完整性的反共理論體系建立起來。起碼，首先要掃除了各種反共理論間的互相抵觸，避免宣傳作用的互相抵消，集中火力，向著共同的敵人。

第二個問題，便是全面開展的問題。

反共宣傳鬥爭，必須把片面的鬥爭變為全面的鬥爭。

把反共宣傳活動只局限於通訊社的幾條電訊，幾份報紙的新聞和社論，幾種呆板的刊物，或者少數的叢書，這完全是不夠的。所謂全面開展，是指必須動員了所有靜的宣傳工具，如文字、美術、雕刻、攝影、刺繡、和所有動的宣傳工具，如音樂、歌唱、戲劇、電影、舞蹈、說書、無線電廣播、傳真等。都使用到反共宣傳工作上來。光是一部分靜的和動的宣傳工具是不夠的，這是第一點。

而宣傳對象，也不能局限於青年學生和知識份子，也必須普遍到全面的各界人民，尤其是要抓緊了廣大的工農群眾，迎合他們的興趣和利益，使他們不要跟我們的宣傳活動脫節，是第二點。

運用全面性的宣傳工具，面向全面的宣傳對象的宣傳技巧，不但應該接受和學習，世界上任何方面所曾使用過的優良技巧——包括了共黨所曾使用過的無害於人民的優良技巧，還要充分創造新的宣傳技巧，適合於目前的客觀條件而能迅速收效的優良技巧，不斷的在實際宣傳活動中進行創造，使能切實的肩負起每個階段的宣傳任務，這是第三點。

第三個問題，便是深入開展的問題？

全面的反共宣傳鬥爭，必須變表面的為深入的鬥爭。

無可否認，宣傳和組織是互相配合的。上面已指出過，宣傳可以加強了組織，組織可以推動了宣傳。為了把反共宣傳活動，從個別的深入到集體的，從知識階層群眾深入到工農階層群眾中去。我們不但在知識份子中建立起反共宣傳的學習小組，研究和討論一切反共問題的群眾團體，聯誼會或文娛的群眾團體，我們還要在工、農、商人等廣大群眾中，建立我們的反共宣傳的學習小組，和各式各樣的群眾團體，通過熱烈的學習運動，展開波瀾壯闊的反共群眾運動，這是深入的第一要點。

公開與隱蔽，正面與側面的宣傳鬥爭相配合，也是必須的。我們除了在台灣和國外若干地區，可以進行公開的反共宣傳外，在整個大陸，在毛澤東匪幫的專制統治下，毫無言論出版，集會的自由，我們是不能公開作反共宣傳的。不能公開，便停止活動？這是不對的。我們必須運用一切祕密宣傳鬥爭的技巧，比共黨在國民黨統治的時代的地下宣傳活動，更激烈地，更無畏地展開著。同時，在某些國外地區，假如不能作正面公開的反共宣傳，那麼，我們也必須運用一切半地下的，側面的宣傳技巧，進行著不間斷的宣傳鬥爭，這是深入的第二要點。

加強反共理論的建立，加強反共鬥爭的全面開展，加強反共鬥爭的深入活動，都是目前自由中國和自由世界的反共戰士們，迫切地要去努力的方向。

（五）怎樣加強反共文藝運動

誰也不能否認，全面性和深入性的反共宣傳的重要武器，是反共文藝運動。

歐洲的文藝復興，埋葬了中世紀黑暗的殘餘，開闢了產業革命的道路，啟示了近代科學的昌明。今天，即使有高度和豐富質量的反共理論指導，即使有了很有系統，很完整，很實用的反共理論指導。假如沒有全面性的，深入性的反共文藝運動的配合，我們要理想地完成反共宣傳的任務是不可能的。我們要在反共宣傳戰線上，徹底擊敗共黨的宣傳，要以壓倒的優勢來粉碎了共黨的宣傳是不可能的。有了全面性的，深入性的反共文藝運動的積極展開，我們的反共理論，反共戰略與策略，能普遍的深刻的灌輸到群眾裡去；這樣我們才能把廣大人民群眾的反共思想全面的動員起來，反共人民的頭腦武裝起來。步伐一致地投身於反共的戰鬥。

然而，正確的反共文藝運動的展開，首先還是需要正確的反共文藝理論的建立起來。而正確的，反共文藝理論的建立，卻又不能脫離整個的反共理論的指導的。因而，在目前，我只能從反共文藝理論的技術原則上，貢獻我個人的一點意見，作為大家研究和討論的參考。

第一、我認為反共文藝理論，必須建立在反赤色的，同時，又是反黃色的文藝基礎上。赤色文藝是向人民散播著史大林派欺騙性的理論的麻醉劑，為史大林派散播反民主、反自由的毒素；它是革命的反共文藝的死敵，我們必須揭露它的醜惡，揭露它的欺騙性、毒害性。我們必須以廣大群眾所喜愛的反共文藝作品來把它擊倒，我們必須把它在廣大群眾中掃蕩出去，使反共文藝的基礎在群眾中建立起來，鞏固起來。但同時，穿著不過問政治的外衣，專以散播色情、迷信、下流、淫穢為能事的黃色文藝，我們同樣也要反對，也要徹底的粉碎它所佔據在群眾中的基礎，因為它的存在，會損害了群眾的精神建康，會削弱了反共意志的激昂，會轉移了一部分人民學習反共文件的精神和興趣，間接便危害到反共文藝運動的開展，便危害到反共鬥爭的進行。

第二、我們認為革命的反共文藝創作的方向，必須是現實主義的，必須是戰鬥性的，而且，必須是反共的英雄主義的；我們要堅決的反對一切非現實主義的，非戰鬥性的和失敗主義的創作方向。那些逃避現實，忽視現實，歪曲現實的一切創作方向，不管它是掛著古典主義，唯美主義，自然主義，還是象徵主義的招牌，我們都要反對它。關於這一點，我要另文詳論。

第三、我認為必須加強反共文藝批評工作，反共文藝批評風氣必須養成。我們需要反共文藝批評家，跟需要反共文藝創作家一樣重要；我們需要大量有高度反共文藝理論水準，諳通反共文藝創作技巧的反共文藝批評家，及時給我方的反共文藝作品，加以批評、推荐、贊揚，或者善意的指出缺點，幫助改正，幫助進步。同時，經常給予毛澤東匪幫的反動的文藝作品加以不留情的揭發，拆穿其對人民的欺騙性與毒害性。

第四、我認為加強反共文藝介紹翻譯工作，也是異常迫切需要的，尤其是反映俄國鐵幕內，和東歐鐵幕內史大林派匪幫們專制，殘殺和奴役人民的一切罪行的文藝作品，能夠有計劃的介紹翻譯過來，對證一下，我國人民所遭受的迫害，使讀者更明朗的，更清楚的認識了共黨的真面目；使大家都能知道，史大林派匪幫的存在，人民便沒有好好生活的一天；使廣大人民的反共決心，更堅強地樹立起來。同時，假如作品是外國的反共老作家的創作的話，寫作技巧上，我們還是可以學習得一點的。

第五、我認為反共的文藝創作運動的大規模的展開，目前是異常迫切需要的。自由文藝工作者們，站在反共的立場，正視現實，使用恰如上面所指出過的現實主義的創作方法，暴露毛澤東匪幫統治下的「黑暗面」；同時，歌頌暴政下廣大人民如火如荼般爭取民主自由的生活鬥爭的「光明面」。不論暴露黑暗與歌頌光明，都儘量運用了所有靜的和動的工具；都儘量運用了所有的創作形式，如紀實斷片，報告文學、速寫、長短篇小說、戲劇、歌劇、詩歌、民歌改編、故事新編、圖畫、連環圖畫、暴露黑暗面或歌頌反共英雄事蹟照實攝影圖片、編製的電影、木刻畫、金、石雕刻畫像、音樂、歌曲、舞蹈、說書、無線電廣播與傳真的故事稿………。等等，去反映那黑暗的現實與光明的現實；那麼給人民的影響，一定是空前無比的巨大的。在量的極力擴充下，再加上質的不斷提高，反共文藝運動的前途，一定是異常光明遠大的；對反共宣傳的貢獻，一定是異常偉大的。本文限於篇幅，關於這一節，我要在另一篇專論創作問題的文章裡詳細討論。

第六、我認為，在加強反共文藝運動的號召下，加強了反共文藝理論的建立，正確了反共文藝的創作方向，加強了反共文藝批評工作，積極展開了國際反共文藝的介紹翻譯，大規模開展了反共文藝的創作運動，只不過是奠下了反共文藝運動起碼的基礎。如果要求把運動積極推動起來，大規模開展起來，使它與廣大人民結合起來，成為一種強大的反共力量，那麼，就必須把運動伸入到群眾裡去。

把各種文藝、美術、雕刻、劇影、音樂、舞蹈……等，所有工作者組織起來，跟某一項有興趣的群眾也大規模的組織起來，成立各種不同的團體；不但學習，研究，交換各種業務中的反共課題，而且，還要展開群眾活動、音樂、歌唱、舞蹈工作者，要經常深入群眾中去演奏、歌唱、舞蹈。美術、攝影、雕刻工作者，要經常拿出反共圖畫、照片、木刻、雕刻品等，在工廠，在農村中在街頭展覽，劇演者要經常進行反共的話劇，歌劇演出，不但在戲院中作大規模的演出，還要經常在工廠，在農村中，在難民營中，在各種群眾團體中，在街頭作小規模的簡單的演出，集體性的灌輸反共意識，鼓舞反共的熱情；同時，加強文字圖畫宣傳品的流通，使牠廣泛深入到群眾手裡，尤其是具體地，形象化地給群眾腦海裡印上反共印象的長短篇小說、故事、圖畫、劇本、更要大力的讓它在群眾中流通起來。詩歌工作者也不祇在詩壇上吟詠，也要走進工廠，農村中去朗誦。

同時，在各種各樣的群眾團體中，在知識份子、青年學生、商人、工農大眾中，那些反共學習小組，聯誼會，文娛團體中，除了經常對反共理論，文藝作品，進行學習，討論與研究外，更要把學習與文娛活動聯繫起來。譬如，在工廠裡，可以由幾個反共的工人積極份子團結起一大夥無所謂的工群，組織起文娛團體，常常唱唱反共歌曲，學習學習反共理論與反共書刊，討論討論時事；有時演演反共戲劇，在一些輕鬆而且自然的生活中，就很容易把反共宣傳教育作用發揮出來，就很容易把反共宣傳影響了全體，使這個文娛團體，慢慢的變成了一支反共的有力隊伍。像這樣成功的例子是很多的，其他階層的人民，其他行業的團體裡，同樣的可以建立起這樣的文娛團體，來完成反共宣傳的任務。經驗教訓告訴我們，文娛性質的團體，常常是比單純的學習組，讀書會，聯誼會，和其他各式各樣的群眾團體，在完成宣傳任務方面，是來得迅速，確實而有效的。

反共的群眾團體普遍建立起來，反共的群眾學習運動，普遍的展開，反共的文娛活動更加強地普遍的展開後，全面性的反共群眾運動便容易澎湃起來，使它持久下去，再加強和深入，逐一提高，反共的宣傳鬥爭任務，是可以完成的，共黨在群眾中的欺騙宣傳基礎是可以被擊破的。

（六）末語

民主，自由一定是勝利的，反共鬥爭一定是勝利的，但到達勝利的途程卻是艱苦的，曲折的。首先，完整的反共理論我們要建立起來，積極的反共宣傳鬥爭，我們要全面性地，深入性地展開反共宣傳鬥爭的重要武器——反共文藝運動，我們要立刻大力的展開，使它變成了波瀾壯濶的群眾運動，才能保證反共宣傳鬥爭的徹底勝利。

反共的自由戰士們，大陸正沉淪在萬劫深淵中，自由中國在危急中，而自由世界反共形勢卻還沒有上漲到最高潮，從理論工作到各種實際鬥爭，我們還要加倍努力，希徹的推動反共形勢的向前發展，希徹的擊潰了史大林——毛澤東匪幫的罪惡統治。

十八、論反共的現實主義與戰鬥的英雄主義

（一）

自從毛澤東匪幫的鐵蹄踏遍大陸，整個社會都被赤血染透了，每個階層，每個人民的生活、鬥爭、理想、情緒都在起著急劇的變化。每個階層、每個人民、不管過去是生活優裕的，或者是困苦的，不管過去是個飽學之士，或者是個文盲，都面臨著無情的歷史性的考驗：要就是接受毛澤東匪幫的奴役、迫害、殘殺、甘受剝奪自由，剝奪生活權利，剝奪生命的劫運的降臨，要就是反抗毛澤東匪幫的奴役、迫害、殘殺，爭取自由，爭取生存權利，爭取民主自由的勝利，在這生與死的鬥爭的關頭上，不容許任何人在這兩條路的交叉點上，多猶豫，多徘徊，更不容許幻想中立，要逃避現實，希圖迴避或自找麻醉，以求得片刻夢一般的安慰，因而，在這生與死的鬥爭關頭上，像流水一般滑過去一個個火紅的年頭裡，在大陸的每個角落，都塗遍了血淚淋漓的爭鬥史詩了。

「時代決定了創作的方向！」每個自由作者，是不能不正視現實的，假如面對著到處是呻吟、是哭泣、是飢餓，強暴與損害，到處是枷鎖，是刑戮的現實周遭裡，你要如抗戰勝利初期一樣，當人民正在勝利的狂歡、舞蹈、高歌、當人民正在勝利的基石上，描畫著祖國的康樂、富強、自由和幸福的幻圖時那種

的現實來謳歌，來創作，那一定是錯誤，那一定是不為水深火熱中的人民所喜愛的，同時，也辜負了作為一個自由作者的神聖使命的。假如存心逃避現實，避免接觸現實的一切資料，或者把現實中某些資料——尤其是那些僅佔現實中的千分一，或萬分一的一點點無關暴露黑暗與歌頌光明的重要關節的資料，渲染神化，使讀者迷惑難解，而自鳴高雅，或摹擬古籍，以玩弄古典主義形式自傲，處在這生死鬥爭的關頭上，處在這與毛澤東匪幫作殊死戰的時代裡，這種古典主義作風，同樣也辜負了作為一個自由作者的神聖使命的。以「美」的標準，來選擇寫作題材，以極盡美化的筆調、結構，和加工琢磨的技巧，來塗抹篇幅——不管它有無內容，不管這內容是否充實，是否有價值，只求文字上盡善盡美，雖然滿紙空虛、無聊、也被認為佳作了。譬如在目前唯美主義者卻從百分之九十九的醜惡現實中，偏來選擇一分一毫的「美」，作為他的寫作題材，如今天北平中南海中，正是群魔亂舞，變成了吮吸中國人民膏血的重要魔窟，然而，一個自由作者進中南海去走一趟，逃出鐵幕後，對它的「速寫」，卻缺乏對魔窟和魔鬼們的醜惡的諷刺與暴露，卻偏重在：海棠池上解放美人泛舟。把海棠、池水、美人、月亮、畫舫、寫得盡善盡美，恍如描寫世外桃源，這實在是使人太失望了。唯美主義者，總是喜歡抹煞遍地哀鴻，滿園枯萁，而獨看中了荒草叢中的一朵牡丹，而獨為這牡丹的美麗芳容濫費筆墨，那怕有一個美人是受著毛澤東匪幫的悔辱與損害，迫得在求生不能，求死不得的絕境中哀號欲絕，但在唯美作者的筆下，卻找不到迫害的血跡，偏重「帶雨梨花，綽約多姿，份外動人」的描摹，一切唯美，而這種美，卻又與戰鬥無關，戰鬥是殘酷的，殘酷裡那來「美」感、痛苦、呻吟、飢餓、流血和刑罰的現實他們看來是缺乏「美」觀的，是「殺風景」的，是值不得唯美主義者的反映和描摹的，所以，毫無疑問的，唯美主義者的作風，同樣也辜負了作為一個自由作者的神聖使命的。而那些根本也好「美」如命，但既覺人間的現實儘是醜惡，儘是殘酷，到處是飢餓，刑罰與屠殺，他們不願描畫，又沒有勇氣咒咀，就索性無視現實，俗話說，裝瞎裝聾，而另開眼界，只看見「自然」，不管文字圖畫，題材只限於人體美，山川、花草、鳥獸、虫魚之美，月亮的美，星夜的美，在這與毛澤東匪幫正作殊死戰的時代裡，在這生與死的鬥爭的關頭上，這種自然主義的作風，同樣也是辜負了作為一個自由作者的神聖使命的。而那些既不以人間反共的血淋淋的現實為題材，對人間美，自然美，甚至對古典美，其興趣也不如唯美主義者，自然主義者，古典主義者的濃厚的象徵主義者，他的創作的題材，是喜歡以主觀上的幻想為基礎，雖明知脫離現實，但卻以想像力高強自豪，從虛無的境界中，創造他象徵的田園，創造他象徵的事物，甚至創造他象徵的天國，運用魔術般的比喻，象徵的手法，把這些田園，事物，或者天國的幻影塗在紙上，而且，常常是撲索迷離地塗在紙上，除了他自己對它的寓意「心照不宣」外，廣大讀者群，常常對它是莫測高深，反共戰鬥，宣戰的任務固絲毫未能肩負，人民對它是要唾之棄之的！在這與毛澤東匪幫作殊死戰的時代裡，在這生與死的鬥爭的關頭上，這種象徵主義作風，同樣也是辜負了作為一個自由作者的神聖使命的。而最可惡的，還有充塞在自由世界裡的新舊鴛鴦蝴蝶派，黃色下流麻醉劑的配製者，他們根本是心瞎眼盲的，不敢正視反共的戰鬥，流血，不敢正視毛澤東匪幫鐵蹄蹂躪下的飢餓和死亡，當侮辱和迫害壓到他身上，也只會逆來順受，甚或肉麻當有趣地以能忍自傲，而他們卻全神貫注在虛構偽造一大堆肉感，香艷的喜劇，竊玉偷香的色情大白，在他們的創作辭典裡，詩是用來禮讚女人的屁股和三角褲的，畫是為了女人的高聳的乳峯和溫柔的曲線而存在的，能夠迅速收到誨淫誨盜的功效，便是黃色「作家」們的成功佳作。這種「黃色作風」，不但基本上不配談肩負什麼崇高的使命，而且，它的存在，根本損壞了自由世界人民的精神健康，使整個的社會的健全意識受到腐化和損害，就等於間接幫助敵人，進行瓦解自由世界的工作，這是應該受咒咀的。

在這與毛澤東匪幫作殊死戰的時代裡，每個站穩了反共抗俄的立場，站穩了為爭取自由與民主的立場而鬥爭的自由作者們，是必須自動的糾正了不敢正視現實，逃避現實，無視現實，脫離現實，歪曲現實的一切作風的，古典主義，唯美主義，自然主義，象徵主義的創作方法，是不能符合這大時代的期望的，是要被這慘烈鬥爭場面所揚棄的，每個自由作者，必須正視現實，投身戰鬥，舉起大旗，衝入敵陣，每個自由作者，必須面對現實，發揚戰鬥的英雄主義作風，熟習和運用反共的現實主義的創作方法，為粉碎毛澤東匪幫的虛偽宣傳而戰鬥，為擊潰毛澤東匪幫的專制統治而戰鬥。

（二）

當毛澤東匪幫正如洪水氾濫般淹沒大陸，在空前的暴政統治下，一邊是抗暴的火花四起，但另一邊，無可否認地，是面對著洶洶狂流，失敗主義不斷滋長，由群眾的層，到過去曾積極獻身於反共鬥爭的群眾領袖，和若干軍政人物，都一批批的陷入失敗主義的坭沼裡，逐步被淹沒於匪幫的狂流裡，失敗主義氣氛，不但蔓延於大陸的「遺民」間，而且，蔓延到海外，蔓延到台灣，雖然韓戰發生後，形勢劇變，但失敗主義氣氛，還是此起彼伏地滋長，始終沒有被肅清，這主要的原因，是人們迷惑於匪幫的虛偽宣傳太深了，一邊擺出親善嘴臉，歡迎「民主」人士，歡迎一切動搖主義者投降靠攏。一邊張著掙獰面孔，唬嚇人群，如不及早投靠，將來必定殺無赦！此外便是胡吹匪幫的一套所謂主義，政策，如何盡善盡美，匪幫所建立的所謂社會是如何理想如天堂，匪幫的前途是怎樣光明遠大，世界革命怎樣快就可以成功……。加上國民黨領導的軍事政治鬥爭的無能與潰敗，便更助長了它的發展。

我們必須以戰鬥的英雄主義，來迎擊降共的失敗主義的滋長！

自由文藝之作者是思想戰線的戰士，是反共隊伍中的號手，為了消滅失敗主義的滋長，為了粉碎匪幫的虛偽宣傳，我們應該吹起反共的戰鬥的英雄主義的號角，鼓舞，激勵反共英雄主義的滋長，我們必須從科學理論中找出根據，基本上否定了以史大林——毛澤東為首的俄共中共的所謂共產主義世界革命運動成功的可能性，而且，充分的指出它失敗的必然性，在這基礎上，積極發揚我們的「反共必勝論」，（從理論上到文藝形式都可以發揮）只有在「反共必勝論」的正確的認識的確立下，才能堅決的拒絕了匪幫的誘惑和恐嚇，才能制止了動搖主義情緒的產生，才能大力地鼓舞起反共的英雄主義情緒的普遍的發展，我們要運用各種的文藝形式，如速寫，報告文學，詩歌、歌曲、小說、戲劇、圖畫、雕刻等，具體地，形象化地鼓舞已經存在於各種實際鬥爭中的戰鬥的英雄主義，再向高度的發展。那些數不清的，為了民主與自由，為了反抗匪幫的暴政，而在大陸上進行潛伏鬥爭的地下英雄，不值得我們歌頌麼？被捕不屈，慷慨成仁的反共烈士們，不值得我們標榜麼？在匪幫的刺刀下，敢於進行罷工，怠工，進行抗稅，抗征，抗糧，進行反對不正確的「土改」的農民，商人，工人們，不值得我們的宣揚麼？在匪幫優勢兵力壓迫下，到處出現的武裝鬥爭，反共游擊戰爭，在極端艱苦的情況下，不斷殲滅敵人，擊潰敵人的游擊戰士們，不是值得萬人景仰的英雄事蹟？這一切，不是未來新中國的光明的一面麼？反映反共的英雄事蹟，鼓舞反共的英雄鬥爭，形象化地，典型化地歌頌反共的英雄業蹟，歌頌光明，以白熱化的熱情來歌頌光明！歌頌人民的光明，就是向匪幫戰鬥，這一條戰鬥路線，就是戰鬥的英雄主義的創作路線。

然而，大陸沉淪在黑暗裡，光明，現在還只是星星之火——自然，這星星之火是可以燎原的！是可以燃遍大陸的！但迄今為止，還在一個最艱苦的鬥爭階段裡，黑暗還是濃重地籠罩著大地，在匪幫的鐵蹄蹂躪下田園荒蕪，工廠倒閉，失業、飢餓、集中營，和集體屠殺，這些血淋淋的黑暗面，也是每個反共的自由文藝工作者「暴露黑暗」的題材。

自然，「暴露黑暗」，也必須如「歌頌光明」一樣，廣泛的運用文藝中的各種形式，如速寫，報告文學，詩歌、歌曲、小說、戲劇、圖畫、雕刻等，具體化地，形象化地，暴露各種現實中的黑暗面，刺破匪幫的膿包，揭露匪幫的醜惡，在人民的雪亮眼睛前，宣佈匪幫虛偽宣傳的完全破產。

「光面和暗面」，構成了現實的整體，「暴露和歌頌」，本來，都是反共的現實主義的文藝創作方向，同時，也是向匪幫鬥爭的不同方法，「暴露黑暗，和歌頌光明」是相互為用，相互結合的，反共文藝上的戰鬥的英雄主義，和反共的現實主義，一面是相互平行，一面又是包容配合的。而反共的現實主義，是有時間性的，到了匪幫整個滅亡時，它的任務便告終結。戰鬥的英雄主義是有空間性的，在沒有匪幫污跡的自由淨土裡，它的重要性是不同的。而文藝創作上現實主義的基本法則，卻是沒有時間性和空間性的，一個優秀的現實主義作者，永遠是不會脫離現實和歪曲現實的，假如時代的使命，通過了反共階段，到了生產建設階段，到了鞏固自由民主的勝利果實階段，他便要毫不遲疑地迎接新的戰鬥任務，他便要為忠實的反映加強生產建設的現實而鬥爭，為鞏固自由民主的勝利果實的實際活動而鬥爭。

反共文藝創作運動的現實主義的創作方法，不管主題是歌頌光明或暴露黑暗，同樣是多樣性的，但一般來說，卻是內容決定了形式的，——雖然適當的形式，亦可以發展了內容，不過，攝影式的「紀實」形式就只能反映雜記，速寫，報告文學，零星的圖畫和雕刻，就只能適應於這樣簡單的題材，和狹窄的場面，對內容複雜，場面濶大的題材，是必須以小說，戲劇，連環故事的圖畫及雕刻，（木、石、金刻）長篇故事詩，或歌劇等形式來表現的，這種表現形式，自然不能照現實題材作攝影式的「紀實」，是必須從各種現實中，抽取各種人物的特徵，把人物高度的形象化，創作有共通性的典型作品，——這不但沒有違反現實主義的真諦，而且是反共的現實主義的高度發展。

比方要暴露今天大陸上一個農民，被匪幫征糧、征工、迫害、壓搾、最後家破人亡，不妨向幾個至幾十個農村收集這種資料，搜集同樣的農民被迫害的題材，然後加以綜合整理，塑雕典型人物——起碼要刻劃了典型的壓迫者與被壓迫者，典型的事例，以創造那有充分共通性的典型作品，這才是反共文藝的現實主義的至高成就，在這與毛澤東匪幫作殊死戰的時代裡，我們是非常需要有高度成就的作品來肩負神聖的反共宣傳鬥爭使命的，——可惜一直到今天，這樣的成功的作品，還是少見。

（三）

過去，遙遠的過去，我們不必檢考了，在包而不辦的情況下，在不正確的統制政策的領導下，過去反共的宣傳戰線，反共的文藝戰線，也恰如軍事戰線一樣失敗的，自從大陸變色後，在以血淚塗成的日子裡，從毛澤東匪幫暴政下興起的，無數的反共人民隊伍，已經被迫直接向匪幫戰鬥了，兩年來，反共的人民群眾，反共的自由作者們，在文藝宣傳戰線上，是有著若干貢獻的——雖然這貢獻還不能盡如理想，但總比從前好得多了。

我自從由鐵幕中逃亡出來，在幾個月中，閱讀了不少反共著作，就在文藝的領域裡，我也閱讀了幾十種，多數是速寫，報告文學，短篇小說，和新型連環美術圖，其中小說形式比較少些，長詩——故事詩和歌劇詩更沒看過，新型的反共劇本，也沒有機會看到，其中有給我印象較深的也不少，像：鐵幕寃魂，我是毛澤東的女秘書，愛與恨，蘇州河的哀怨，等報告小說，新型連環美術圖，我應該在這裡略為一談。

「鐵幕寃魂」是陳逸鵬把他太太顧毓玲由山東故鄉因受共黨一個區政權蹂躪得不能活下去，迫財、迫姦、迫嫁、配給……。前無古人，後無來者的暴政迫害都集中了一個弱女子的身上，她在求死之前，用蠅頭小字寫給她在香港的丈夫的謹有萬餘言的絕筆書，文字雖然異常樸素，但悽慘絕倫的事實，使這樣樸素的一字一句中，編織著淋漓的血淚，毛澤東專制王朝的血腥統治，從這基層政權的暴政的一點上，便可以充分反映了，雖然寫作技巧上，有著若干缺點，但內容的充實，情節的動人，作為一篇暴露時代的黑暗面來看，可以說是一篇反共的現實主義報告文學的佳作，但明確的典型人物還沒有充分的塑雕成功。

「我是毛澤東的女秘書」，文字較為精緻，結構較為嚴謹，情節之可歌可泣，更甚於「鐵幕寃魂」，尤其是像我們這樣的由共黨組織內跑出來的人，看了更為感動，某些節目，可能是自己曾經歷過或看見過的，觸景生情，往事縈迴，傷心倍甚，作為一一暴露共黨組織內的專制殘忍，荒淫與無恥，和宗派傾軋，暴露時代黑暗面的重心來看，可以說它是一篇反共的現實主義的短篇小說的佳作的。

「蘇州河的哀怨」，是自由出版社出版的幾十種連環美術圖中，技巧上最成熟的一種，它在技巧上（一）比舊連環圖畫加強了透視學原理的運用，而且，在描寫立體物件時，光暗面表得異常顯明。（二）對各種人物輪廓掌握得很緊，（三）對處理遠景、中景、近景題材的技巧上的很適當，（四）面部表情，各種動態，生動逼真。從題材方面來說，它是暴露匪幫統治下的黑暗面的，上海工人階級的吳鳳霞和趙七，在上海解放後的經歷，完全把匪幫的虛偽宣傳拆穿了，工人翻身嗎？騙人的，增加生產嗎？騙人的，欺騙、陰謀、迫害……，這些醜惡的東西，都是真的，人剝削人，人壓迫人，人吃人……卻更是真的。內容結構，都相當和諧地緊湊地連貫著。不失為一本反共的現實主義的美術佳作，這種通俗性的連環美術

圖，在反共宣傳上，最收效很大的，因為它是「老百姓所喜聞樂見的！」（借毛澤東語）

「愛與恨」是暴露了匪幫在農村中毀滅一個善良的家庭，陷害一個純潔的女知識青年，使她最後走上了自殺的毀滅之路的經過，圖畫技巧雖然稍遜前者，但情節動人，暴露深刻，也不失為一本反共的現實主義的佳作。在反共宣傳戰線上，是有著它的珍貴的價值的。

檢考最近的過去，在反共宣傳戰線上，我們能夠有一點收穫，是值得我們引為安慰的，可是，我們已經滿足了實際需要了麼？已經不辜負時代的使命了麼？拿現有的成就，對照起實際需要來，對照起時代的使命來，我們是感到不夠的，是覺得要大力加強的。

首先，我以為每個自由作者，必要投身於實際鬥爭裡去，否則，對現實的體驗是不夠深刻的，對現實的掌握是不能夠具體的，要刻畫典型人物，創作典型作品，更是不可能的，要歌頌光明，就要投身於大陸敵後的游擊區去，就要投身於大陸的地下鬥爭行列裡去，要暴露黑暗，同樣是要把生活深入到大陸的「暗面」去，所以，一個戰鬥的現實主義作者，「寫作和戰鬥」是一致的，因而，恰如前面所指出，戰鬥的英雄主義精神，和反共的現實主義的創作方向，也是一致的。假如寫作和戰鬥背馳，內容一定是空虛貧乏的，作品一定是和現實脫離的，一定是不為處在水深火熱中的人民所喜聞樂見的，反共宣傳的使命是肩負不起的。

其次，我以為在今後的反共文藝創作上，應該是暴露黑暗與歌頌光明並重的，過去，對暴露黑暗的努力還是不夠，但對歌頌光明的努力，更是太少了，我以為暴露黑暗，雖然是揭露匪幫的殘暴和醜惡，引起人民的同仇敵愾，但如果不鼓舞起人民的反共的戰鬥的英雄主義情緒的普遍的高漲，顯然是不夠的，有些人甚至畏匪幫殘暴過度而胆寒，而畏縮的，結果與反共宣傳本旨背道而馳，所以，自由作者們，是必須把暴露黑暗與歌頌光明看得同樣重要的，是必須把揭露匪幫殘暴，醜惡與鼓舞我方滅此朝食鬥爭熱情的任務同時肩負起來才行。

第三、關於質方面，是必須積極提高的，題材的質和寫作技巧的質，都必須提高，所謂題材的質，就是恰如上面所指出，作者選擇題材，必須認真，希能獲得典型性的題材。所謂寫作技巧的質，是必須內容和形式的配合上，結構的和諧上，文字的精鍊上，都要下一番工夫，絕不能粗製濫造，——但是，這裡必須指出，現實主義的寫作技巧的提高，是跟古典派，唯美派走著不同的方向的，後者不著重內容與技巧的配合，只注意文字的粉飾、琢磨，只求文字上的美化、神化，絲毫不顧到讓形式，結構，文字等技巧加強內容的充實性，加強讀者對內容的領會，而前者剛剛與它相反。

第四、關於創作面問題，我也以為是必須擴大的，過去，對於反共宣傳的重要武器的反共戲劇，——話劇，歌劇的劇本創作方面，被完全忽視了，以後是必須大力加強的，反共的詩歌創作運動，更沒有絲毫的展開，鼓舞反共英雄主義的抒情詩，咒詛匪幫醜惡的諷刺詩，歌頌英雄事蹟的長篇敘事詩，固然少得可憐，便是可以使用為深入工廠，農村，走向街頭，走進群眾的層的宣傳武器的朗誦詩和改編的反共民歌，也同樣少見，至於反共木刻畫及各種雕刻更不用說了，根本就難得見到，這一切都是必須大力加強的，否則，是不能肩負起時代賦予我們的反共宣傳鬥爭的神聖使命的。

十九、泛論紀實報導典型創作問題兼評「偽員的苦難」

（一）

在反共文藝的創作活動中，常常有人喜歡強調自己的創作，是某一定時間空間中，所發生的百分之百的真實的事物，強調作品是真實性的紀實報導。像任重先生創作的「偽員的苦難」，作者便為了這一點在前言（序）中，這樣的聲明：「筆者敢賭咒，這篇拙作具有了百分之百的真實性，這裡沒有半點誇張，不作絲毫渲染，所涉及的人物，都是活生生的『長著兩隻耳朵，一雙眼睛，一管鼻子，一張嘴巴，由猿變成』的東西，（借共產黨人語），然而，這些『東西』，有些也許已不知所終，有些已衝破鐵幕，度著雖然是顛沛流離，但卻是頗為自由的生活，可是大多數還正在掙扎呻吟於紅色魔爪之下，為了他們的安全，本文所提到的姓名，全是筆者的假託，反正姓名也者，無非是某一個人的一種符號，而『人』也不過是和禽獸無大分別的『東西』吧了，又何必斤斤計較！」

本來，任重先生這一點聲明是不必要的，因為，第一、作品的真實性與否，作品本身就是最有力的說明，假如它是脫離現蛤的，歪曲現實的，憑空虛構的，那怕作者有的是生花之筆，也是無法彌縫的，也要在讀者面前，赤裸裸的暴露出來的。第二、假如站在反共宣傳鬥爭的立場上，要正確地掌握著反共的現實主義的創作方法的話，我們不一定要求作品是某一固定時間，空間內的真實性的現實的反映，我們只要求作品的本質不脫離現實，題材是現實中活生生的題材，人物是現實中活生生的人物，那麼，它被反映在紙上的方法——使用言語文字工具反映它的創作方法，是用攝影性的紀實報導的方法，還是用綜合，概括、選擇、剪裁、編織現實事物中具共通性的一面，現實人物中具典型性的人物，追求典型性的創作的方法，都同樣不會喪失真實性的，何況後一種方法，雖然是綜合的現實的反映，但卻更容易達到典型人物創作的成功。

假如一定要求所反映的現實，是一定時間空間內的真實性的事物，那麼，除了使用像攝影機拍攝人物的肖像，和現實的景物一樣，用攝影式的方法，拍下現實的外貌外，是很難觸及現實事物的內貌的——尤其是對現實人物的特質的素描，人物的心理狀態和特性的分析，人物的內在的情緒和潛意識的解剖，與及這些人物，在現實經歷的過程中，對他們那曲折，微妙的內在的體驗的精緻的描摹，就更不容易被作者深入發掘，活生生地用語言文字反映出來了。

只有在作者所面對著的事物，是混得爛熟的事物，所面對著的人物是深刻熟悉的人物，對他們的外型內型，內在性靈活動的體驗，早就有了深切的了解與掌握，而這些人物，剛剛有的是在其所屬類型的人物中，具著部分的或充分的典型性的，那麼，如果作者的寫作技巧又能卓越地刻劃的話，一定程度的典型性的人物，是可能被刻劃出來的。但這已不是純粹用攝影手機法創造的紀實報導，所能完成的任務了。

不過，像這樣地創作成功的典型性的作品，是異常罕見的，而且，成功的程度也是不高的，希望獲得刻劃出的典型人物的性格明確，特徵顯著，是非常少見的。走這樣的創作道路，成功的典型例子，不是特出，便是偶然了。

因而，站在反共宣傳戰線上，除了電訊，新聞，短篇速寫，雜記，我們不得不採用「紀實報導」，不得不運用攝影式的技巧外，對於我們正要大規模開展的反共文藝創作運動，我們為了使作品，使人物充分表現它的共通性，充分的動人，使讀者容易發生同感充分表現那些活生生的典型人物，我們不得不要求，反共的自由文藝工作者們，只要是寫作相當篇幅的，文藝性質的，——不管是長，短篇小說，戲劇，歌劇、故事詩、甚至報告文學，我們都不要忘記追求反共現實主義的典型性的創作。

在反共鬥爭，到處激烈的展開著的現實生活中，在匪幫統治著的大陸，到處出著欺騙，迫害、壓搾、屠殺……的現實生活中，從工人、農民、商人、知識份子、青年學生、舊公務人員到共匪的上中下級幹部，共匪特務，到反共地下戰士，反共游擊隊員，各階層，各種職業行列中，各色各樣的人群中，正湧現著各種不同特徵的新的典型人物，有兇暴荒淫，醜惡絕倫的典型人物，有令人可歌可泣，挺身於反共戰鬥的典型人物，有向共匪搖尾乞憐，有令人啼笑皆非的典型人物，有輾轉在共匪鐵蹄下，哀號欲絕的典型人物，有受盡欺騙，懊悔恨晚，終日呻吟太息的典型人物，有數不清的典型人物，每一階層，每一職業行列中也有著許許多多不同類型的典型人物，一個反共的現實主義的寫作者，假如要創作某一階層，某一行列中的典型人物，——譬如說，要創作一群像「偽員」一般的靠攏公務人員的典型人物，作者必須熟悉他們，而且要個別的熟悉他們這行列中各種不同類型的人物，高級的、中級的、下級的、和年老的、年輕的、再向各種類型的人物，每種找出幾個，至幾十個，甚至幾百個，從每個人中，抽出他的特徵——信仰的方向及程度，興趣和嗜好，學問和生活習慣，待人接物的態度，受教育程度和家庭教養等等，把它們綜合選擇配置在一個這類型的靠攏公務員的身上，塑雕成一個這類典型人物的基礎。

但是，為了使這個典型人物的生動動人，光抽出這些特徵，作綜合的現實性質的塑雕還是不夠深刻的，還恐怕不夠活生生地活躍在作品中的，我們還必須將這類典型人物的每項精微的細節加強起來，從外表到內在的感情的波動，暗流般的潛意識的解剖，心理狀態的素描，都要細緻的反映出來。因為各類型的人與人之間，雖有著共通的特徵，使我們可以創造典型人物，但我們是不能忽視這樣的情形的：人，那怕是同一階層，同一類型，同一職業，年齡教養的人，有人是愛嘻笑的，有人是易惱怒的，有人是好幽默的，有人是愛嘵舌的，有人喜歡沉默寡言，有人愛空想，有人卻樂於從不足中求滿足，有人眼快手快，有人舉動遲笨，有人愛揮金如土，有人卻一毛不拔……。這一切，都要由寫作者斟酌題材，適當發揮，擴大它，加深它，使它尖銳而明朗，使各個人物的性格和風度，明確地表現出來，完全形象化地表現出來，——這就是一個活生生的典型人物，這就可能表現出某種「偽員」中的典型人物。

要描畫某種級的共幹，要描畫某種級的工人，農民、商人、知識份子、青年學生中的典型人物，用這樣的手法刻劃，才是正確的創作方法——這才是反共文藝創作運動中，希望大力創造各色各樣的典型人物，希望成功地創造大量典型性的作品的正確的創作方向。

攝影式地反映的現實，雖可能是「真實性」的，但卻多數是片面的，不是全面的，多數是表面的，不是深入的。這是一般的「紀實報導」。

而具備著各方面的共通性的現實，具備著某種人物的典型的現實人物的反映，擴向全面，深入到內型的反映，即使作者自以為，或被人指為攝影性的創作，但事實上已跟攝影性創作發生了長距離。而它和「綜合的現實」所創造的典型創作，一樣是百分百的真實性的現實的反映。

（二）

現在話該說回頭了。在「偽員的苦難」中，從作者的前言（序）裡，可以看到，作者只管執起筆來，描寫他所熟悉的現實，他似乎沒有計劃過，關於「典型」的一切問題，可是，它卻反映了一些性格明確程度各不相同的典型人物，它竟能在一串串不大精鍊的語言裡描述了——不，塑雕了一個個有鮮明的特徵的形象，使我經過廣泛的閱讀自由中國的反共文藝創作，深深的感到典型性的作品的缺乏中，發現了一篇值得提出來，作為典型問題討論的創作——而這篇創作，已經是一九五〇年七月間由自由出版社出版的了，算起來，出版已將近一年，由於我們的文藝批評工作，還沒有熱烈的展開，似乎還沒有給人提出來，作過公開的批評和介紹，這是很可惜的。

它，由於作者在執筆時，不但沒有計劃過有關典型的問題，而且，連創作式問題，結構問題，都似乎沒有精密的計劃過，所以，結構是欠嚴謹的，本來，掌握著這麼好的內容，尤其掌握著這些自己能充分的，深入的了解和剖析的人物，而不能用較完整的形式來表現，白讓它的鬆懈的報告文學——就算是定型的長篇報告文學吧——形式中敘述完畢，實在是令人扼腕的。

可是由於作者對於各類的靠攏公務員的充分熟悉，可以說，早就混得爛熟，不但確切的熟悉了他們的外貌，熟悉了他們外在的狀貌，形態、言談、動作、還深入的掌握了他們各種不同的內在的特點——他們這行列中各種不同類型的人物的內在的特點，像年齡，級職，經歷不同所形成的不同的特性，不同的信仰的方向及程度，不同的興趣和嗜好，不同的學識和生活習慣，不同的教養程度，不同的心理狀態，情感和潛意識的波動的規律。同時，因為作者本身也和這些人物體驗過新的場面，而對於新的人物，指導員和「二指」，雖然作者原來是不熟悉的一類人物，但因投身於新場面有相當長的時間，接觸的新人物少，而能集中在這兩人身上，更加上作者對人物的理解和分析似有著特長，因而也能相當程度的掌握了他倆的個性和特徵，而且，不同程度地分別反映了出來。所以它雖然有著結構和表現形式上的缺點，使用語言文字的不夠精鍊，可是，在刻劃人物方面，卻有著一定程度的成功。

橫貫在作品中，「漢人學得胡兒語，更在城頭罵漢人」，的靠攏幫兇姜自明，古超然，作者運用輕淡的筆調，逐步把他們分別刻劃出一副卑鄙，齷齪，作惡的小丑嘴臉，尤其是對姜自明，是可以說能夠形象化地塑雕了一個淺薄，趨炎附勢，卻又是拙劣無能的靠攏幫兇的典型人物了，你看，他是多麼的令人可憎，可惡而又可憐，可笑和可恥——

「個人成份，也許就是指你身體內所含的鐵質佔多少，水份佔多少，糖多少，熱多少，……至於家庭成份，一定是指府上是封建的呢，或者是民主的了。」

以一個對中共的人事登記表也不能解釋的，從前屬「國民黨」政府的小「偽員」，面對著新主人的到來，卻要以共黨通自命，而且，還以地下英雄自封，恬不知恥，千方百計求當狗腿，可是，當他得意洋洋地，在自己的登記表的朋友關係欄上，填上廣東紅朝的要人雲××，李××，劉××等之後。他的主子，卻是這樣的令他難堪：

「姜自明！」沉雄之中，而又帶點嘶啞的山東口音。

「有！」姜自明霍地站起來，取立正的姿勢，兩隻皮鞋蹬很自然的砰然互相撞擊了一下，姜自明原是「半途出家」的軍人，他曾幹過部隊裡的下級幹部，抗戰結束後，才轉業到行政方面來的，所以對於這一套，他不但內行，而且非常熟練。

「對人民是應該坦白的！」指導員板起鐵青面孔說「知道麼？」

「是！」姜自明必恭必敬地回答。

「你在登記表裡填上雲×長，李×長，劉×長，都是你的朋友。」

姜自明的兩片嘴唇本能地一張一噏著，像是急待答覆似地，可是，指導員截住了他，連續的說下去道：「可是他們，壓根兒不認識你！你到的是什麼意思？」

「這……這個……這……個」，姜自明囁嚅著說「幾……幾天……前，在一個朋友的……的議會裡……我們是會過的。」

「放你媽的狗屁，根本上，俺共產黨幹部是不會隨便吃人家一頓的，決不像你們國民黨那樣腐敗，姜先生！你的問題讓將來的檢考會再談吧，不過，對人民是必須坦白的，如果不坦白，就是違反人民的利益，違反人民利益可不是玩的，知道嗎？」

「姜自明連聲『是是』，頻頻點頭，他的面孔由紅變青，再由青轉紅，六十幾隻眼睛釘住他，三十幾張面孔泛著各種不同的表情，集憐憫，諷刺，同情，鄙屑的大成。他尷尬極了，也許他心裡想，雲××他們不認朋友倒也還罷了，最使他感到失望的是，那位山東農民的指導員，居然不稱他『同志』而是直呼其名，甚至連諷帶譏地稱之為『先生』，這是多麼有失體面的侮辱啊！」

不過，他受主子的侮辱，謾罵是逆來順受的，雖然當時臉上由紅變青，再由青變紅，可是，事後，他又會是充滿了我皇聖明，臣該萬死！一般的心情了，這是狗腿的本能，在主子面前，能恭順馴服，奴顏婢膝，打罵由他，但向著受奴役的同儕和人民，卻是一副兇相，驕橫作惡，不可一世，以損害他人來為他向主子立功：

「……丁伯博自己先說了，他說×年×月，他正當的×長，曾經自掏腰包替人民造了一道橋，不但人民「口碑載道」，而且，還連獲上級的嘉獎。

「呸，那不過是奴才作風，在國民黨政府裡做事，根本上一切都是違反人民利益的！」

大家都把視線集中在那半路上殺出來的黑旋風身上，原來這傢伙不是別人，恰又正是被認為思想前進的姜自明，他把話略為頓一頓，「骨吐」一下吐了一口唾沫，並且略為舒一口氣，接著說道：「像我也許才勉強算得上替人民幹過一點有益的工作，記得廣州未解放前，我曾經把一本有關軍事祕密的密電本偷抄出來，交給一個地下同志……。」

姜自明雖有點洋洋自得的樣子，可是「大家夥」（即指導員——陳）並沒有什麼艷羨的表示，……。」

顯出幫兇嘴臉，咬了同儕，圖謀主子的青睞，可是，主子卻無動於中，而他不覺失望，還是恬不知恥地，卑鄙、齷齪、醜惡地幫兇下去，迫害善良，摧殘同儕。

「……關於貪污部分，佟南山還是矢口不承，極力掩飾，……古超然就第一個躡著他尾巴，緊迫一步說道：「不會沒有的，在國民黨時代不貪污，才是怪事！」

姜自明附和著，而且補充說：「某長是天字第一號的貪污反動頭子，他在太原圍城時，還利用飛賊陳納德的民航大隊飛機，大做其生意，你是他的機要秘書，他貪，你不貪，誰相信？」

佟南山被迫得沒有辦法，他只好承認在一九四八年八月間替鐵道部購買一批交通器材，賺過一筆數目並不太大的佣金，他解釋說：「佣金是外國人買賣的規矩，不能算是貪污。」

照理，佟南山既然有意無意地承招了賺過一筆錢：如果在另外一個場合，根據中國人不為己甚的「美德」（？）也許會馬馬虎虎，可是共產黨要的是坦白，——徹底的坦白，而且那些被「團結」過的姜自明，古超然之流，又因「受恩深重，雖犬馬不足為報，」的原故，也不得不特別賣力，藉答「知遇之隆，」眼看著狩獵物死期不遠，焉有不乘勝追擊之理？

「佟先生太不坦白了」姜自明說「要知道，今天不坦白，將來怎樣可以替人民服務？」佟南山兩眼朝天，頹然倒在椅上，面孔由暴紅變為蒼白，許久不作聲，原來他是暈了過去。」漸漸的，皇天終於不負苦心人，他終於給主子看上，當了一名起碼的狗腿，於是，便更癲狂地亂咬了，佟南山的暈過去，他是不滿足的，他希望更多的人倒下去，他在主子面前才更易討好。

「又有一個姓駱的東江人，恰與前面所說那人相反，他在報到時填上國民黨黨籍，等到自傳報告，他又自認是無黨無派的人士，這一下不但山東農民動了肝火，就連古超然和姜自明也咆哮如雷，「大力」指斥，使老駱幾乎下不了台。」

「又有一個姓楊，名時宗的小鬍子，原是國民黨以外某一小黨的黨員，出身農科，與二指有先後同學之雅，未解放之前，透過所籍黨之關係，他曾身兼數職，一方面是什麼委員的機要秘書，另一方面，又是什麼部的技正，同時，又是廣州市黨部的負責人之一，也許就正因為他這種萬綠叢中一點紅的身分，他竟被另眼相看，不但經常在大會裡被批評，教育著，而且又常被召去個別談話一番，山東農民老愛說他不坦白，二指又絕不放鬆的指摘他，說他的包袱比任何人都重，古超然和姜自明窺透了主子的顏色，更是無風三尺浪，推波助瀾，乘人之危，大打其落水狗了。

楊時宗經過接二連三打擊，原先那派瀟灑脫落的活潑儀表，現在已一掃無遺，終日垂頭喪氣，好像萬斛牢愁不知向誰訴似的。

楊時宗畢竟受不了了，一次，他毅然提出辭職，報告書循級轉了上去，兩天後，他竟告失踪……」。

這樣，一個典型的靠攏小丑，一個典型的小幫兇，小狗腿，便充分的形象化地被刻劃出來，像姜自明這樣卑鄙、醜惡、可憐的人物，在大陸上國民黨「偽員」登記（錄用？）的許多團體中，都可能有一二個，或三數個存在著。我在北平，上海，也先先後後不知聽過多少朋友談起過姜自明這樣的人物，有些「偽員」朋友，甚至對像他這樣的人物的痛恨，還甚於對共幹，這是難怪的，因為他來自自己的行列，卻似乎比敵人還賣力地來迫害同儕，誰不痛恨呢？一股「反幫兇」的情緒，那有不普遍地滾流起來呢？不過，分析起來，他們所以作惡，一面固是主觀的趨炎附勢，企圖賣友求榮，一方面還是敵人暗中培養出來的，任重先生也曾補充說明過這一點：

「兩兇」的任務是這樣劃分的：一個對內一個對外，姜自明是前者，專負刺探，打聽群「俘」的言論和行動的責任，古超然卻屬於後者，專門在大組討論時替共產黨吹捧辯護，或者打擊那些思想還有包袱的分子，……「兩兇」確也建立過不少「有益人民」的「豐功偉績」，……

假如那千千萬萬受盡了這種典型的人物的欺侮，陷害的「偽員」，看到任重先生刻劃出的他，這樣的一副醜惡的形象，這些歷歷如是的罪行，一定會深深的發生「同感」——同感是共通性和典型性的產物，沒有共通性的作品，沒有典型性的人物，讀者是不會發生「同感」的。尤其是深刻的同感是更不會發生的。

因而，站在反共宣傳鬥爭的立場上，我們所以珍視共通性，我們所以珍視典型性，我們所以要求創造典型性的創作，我們的主要的創作目標，是為了加強反共的同感，是為了擴大反共的同感——不管是對敵人，幫兇的憎恨，憤慨的同感，對被共匪迫害者的同情、憐憫、抱不平的同感，還是對反共宣傳鬥爭有利的，都是反共文藝運動所要完成的任務的。

（三）

在「偽員的苦難」中，除了描寫幫兇小丑，有著一定程度的典型性的成就外，對其他各種類型的「偽員」，都有著或多或少的典型性的刻劃，作者對佟南山、丁伯博、謝人俊、凌高山、和李少伯都有不同的反映特徵的描述：

「大家面面相覷，局面尷尬而又死寂，『指導員同志』虎視耽耽，橫肉滿臉，青筋活現，正待發作的剎那，祇見那邊廂霍篤的站起一個人來，我們定睛一看這傢伙原是新近才併編進來的佟南山。

……佟南山原是某一個長的機要秘書，在山西混了十幾年，曾一度任某院上海購料處主任，發了一注不大不小的財，廣州撤退時，眼看大勢已去，自己又討了一個廣州太太，……在岳父和嬌妻督促之下，響應了人民的號召，和我們一樣，投進了『政俘』之林。

……他的年紀不大，看來還不過三十五六歲，額角長得很高，眉清目秀，一副少年得志的相貌，怪不得他一帆風順，早在幾年前官拜竹字頭了。

『我以為，中蘇條約不但是平等的』，佟南山說『而且，對中國人民是非常有利的……』

接著，他舉出了一大堆數字，像：『國民黨匪幫』在東北被殲的軍隊一共八十萬，器材物資損失一百萬噸，並且失去人民二千萬……。

佟南山那付顧盼自豪，唯我獨尊的態度比較古超然尤有過之，這也許是他的『英雄主義』，『小資產階級意識』、『在作祟這也難怪，像他那樣少年得志，一帆風順，有生以來就一直泛綠水倚芙蕖，未嘗半點坎坷顛躓的人，自視當然是矜貴而格格與人不入了。所以對於自己的意見，不但有點飄飄然的自我陶醉，而且一連串『數據』，卻也表示出自己的常識豐富，記憶力特強的『優越感』來，雖然『國民黨匪幫』在東北被殲的軍隊並沒有八十萬，而東北四省的人民也決不上二千萬，對於這一小小的錯誤，是無傷大雅的，反正國民黨時代，當機要的人，大都是慌言的製造者。」

可是，佟南山雖然對共匪拍馬屁拍得這麼賣氣力，而宜，在別一時間，還自吹過，在山西時，曾就職權所及，設法阻延當局的「剿匪」計劃，在大學讀書時，是如何的前進，是如何的努力研究馬列主義，是如何的同情共產黨，但終於不免「兩眼朝天，暈了過去。」那麼，他後來雖然搶購公債，獨佔鰲頭，獻金贖罪，但今天恐怕也只是待宰肥猪而已，好的下場是不會有的。

不過，從佟南山的形象中，我們可以看到「偽員」中的一類政客典型的人物，充滿了官僚的優越感的殘餘，洋溢著小資產階級知識份子的空想主義，自大狂，個人英雄主義的意德奧沃羅基，我們看到這類人物過去趾高氣揚的殘餘，猶鈎起人們那一一絲絲對他憎惡的回憶，在時代的激變中的今天，還看見了他那投機取巧，拍馬吹牛，卻受盡奚落和玩弄的醜態，那可哭復可恥的可憐相。——而這種典型的可憐相，現在在大陸的各個角落，正成千成萬地暴露著呢。

可是在「政俘」的行列中，卻還存在著與佟南山迴然不同，幾乎相反的典型人物李少伯。雖然作者對他描摹得太簡單了，但從寥寥數行中，已寫出這種典型的人物的一點主要特徵了：

「時間過得飛快，不經不覺又已一月，……所謂辦公，恐怕早就宣告絕望了，……指導員同志天天拉著長臉，鼓著腮幫子，破口大罵，……。

可是，奇蹟畢竟出現了，一向少開口的李少伯，在指導員媽的罵膩之後，突然的站起來，亢聲抗辯道：『學習，學習，天天學習，請問你們到的是何居心？難道一輩子這樣下去嗎？要知道我們完全為了憧憬你們漂亮的號召，才來報到的，天才曉得，所謂辦公，原來是這麼一套！』

每逢輪到有黨籍或團籍的『政俘』報告自傳時，山東農民一定全神貫注去靜聽那人入黨（團）的經過，而且，在質詢的時候，他也一定刻版的問道：『既是國民黨黨員，你參加過什麼活動沒有？』

『沒有。』

『不會沒有的，哪有身為黨員，而不參加活動的？』

『這個非常簡單，國民黨時代，要做公務員就非入黨不可。』幾乎是眾口一詞的答覆。

『你們太不坦白了，你們不肯扔掉包袱！』

照例，這種千篇一律的問答，到此，就會不了了之。可是，有一次，卻激怒了李少伯，他氣沖沖的說道：『老實告訴你，假如國民黨有組織，而每一個黨員又有活動的話，你們決不會來得這麼快！』

『對啊！』又是異口同聲的『附和』」。（原作「答覆」，是不妥的——陳）

像李少伯這樣，有時竟目中無共匪，大膽直言的人物，在大陸上，或受共匪宣傳所欺騙，或因對國民黨太失望，或被家小所拖累，致不能逃離大陸，僅為生活所迫，而非如佟南山那樣存心投機取巧，或像姜自明那般存心作狗腿，致投身「政俘」行列的人們，是不少像他們這種典型的人物的，可惜在這篇作品中，對他刻劃得還不夠顯著，我們希望反共的自由文藝工作者們，加強發掘，創造這種典型的人物，尤其注意加強反映，這種典型的人物的反抗性與屈服性的內在矛盾的掙扎的形態。

除了像李少伯一樣，掙扎在屈服與反抗的內在矛盾痛苦中，有時正面洋溢於外表的人物，值得特別指出外，在這篇作品中，還刻劃了一個謝人俊，他是同樣掙扎在屈服與反抗的內在矛盾痛苦中的，但沒有正面洋溢於外表，卻蛻化為向統治者的諷刺與幽默，常常把不滿的情緒，從側面幽默地流露出來，使統治者啼笑皆非，欲罰不能。可惜也刻劃得不夠，幽默的典型性格尚欠明確。至於書呆子公務員，死咬著中共欺騙宣傳當真理的靠攏教條主義者丁博伯，也反映了他與眾不同的若干特徵，可惜也刻劃得不夠，典型性格尚欠明確。而在「國民黨」政府裡，坐了二十年冷板櫈，才由書記爬上「科座」位置的凌高山，作者同樣也反映了他遲疑、穩重、不苟言笑的特性，但同樣也不夠充分，所以，也不能明確地刻劃出一個在生活鞭子下，被迫進「政俘」行列的老成，保守的老牌公務員的典型性格。

不過，根據嚴格的標準，雖然是這樣批判，但在目前的反共文藝創作水平上，對於李、謝、丁、凌這四種不同人物，我們是可以說，起碼的，簡單的典型性形象是給浮雕上了。

至於在那剝奪了人性的共產黨組織內，過了十餘年，在老共區內長期生活所形成的共黨指導員的性格，尤其是不是來自知識階層，而是由魯西莊稼漢，曾當過國民黨的鄉保長，憑著他的奴性（對其組織上司）與賣命的一股野勁，以及學了些二知半解的騙人伎倆，所換來的團級幹部地位的指導員性格，作者原來是不熟悉的，但恰如上面所指出，由於作者投身於新場面有相當長的時間，接觸的新人物少，而能集中在「兩指」身上，更加上作者對人物的理解和分析似有著特長，因而，也能相當程度地反映了他的一部分特徵，主要是，粗野，下流，露骨的兇，胸無點墨，不學無術，對於共黨的一套政治伎倆，僅學會了一點皮毛，要弄得非常拙劣，但有時候卻顯得出乎他人意料之外的忍耐。對於知識份子出身的「二指」似更能抓緊了他那陰森抑鬱，喜歡做作，不隨便說話的特徵，把它反映出來。勉強的浮雕了兩個不同出身，不同性格與習氣的共幹的典型。不過，作者告訴我們，執行共黨迫害人們的一切措施，他們是具共通性的。

（四）

現在，問題可總結一下了：

一、恰如上面所指出，「偽員的苦難」的題材，是反共的現實主義的，但由於作者採取簡單的形式來反映複雜的內容，採取攝影的手法來反映人物的複雜的特徵，採取不能充分表現典型的人物的形式，來容納作者所熟悉的若干具典型性格的人物的複雜的外狀和內貌，形成了形式與內容的矛盾，形成了形式束縛了內容，因而，削弱了內容的充分表現與發展，很自然的形成了這樣的結果：成功的地方，不是「特出」，便是「偶然」了。同時，失敗的地方，卻是自然的。

二、所謂「特出和偶然」，在這篇作品中，顯而易見，是來自作者對登場人物，除「兩指」外，都非常熟悉，尤其是在這些人物中，偶然的有如姜自明這種人，是具備著這類型人物的充分的共通性質的典型性格的，即使如作者所自白，未經過抽取綜合特徵的手續，他也具備了一定程度的典型性了。加上作者似乎對人物個性有點感受，領會，與分析的特長，便多多少少地形成了。可是，「自然」呢？便更顯而易見了，除了採取的形式束縛了內容，削弱了內容外，上面也次第指出過了，像結構的鬆懈，使用語言文字的不夠精鍊，主要人物和次要人物的典型性格，還沒有表現到應有的程度，有些祇能達到一定程度的成功，有些，若根據嚴格的標準，簡直成就得太少了。

三、問題已很明顯，「紀實報導」的寫作形式，祇適宜於簡單題材，像新聞電訊，速寫，雜記，簡單報告等，使用於複雜的題材，廣闊的場面，它不但不會發展了內容，而且，束縛和削弱了內容，同時，紀實報導並不是等於現實主義，假如使用得不適當，它是違反了現實主義的寫作原則的。

四、站在反共宣傳戰線上，我們的反共文藝創作運動，要著實地踏著反共的現實主義的創作道路，除了站穩立場，選擇題材，善用適當的形式，加強結構與文字修辭外，主要的還是要運用抽取綜合的現實的特徵，創造典型人物，創造典型性的創作，否則，作品不能充分成功，不能激起讀者熱烈的「同感」不能積極發揮它的反共的戰鬥性，是不能肩負起鉅大的反共宣傳鬥爭的責任的。

五、「偽員的苦難」，給反共文藝創作，顯示了一個成功和失敗的很好的例子，我們要攝取它的經驗教訓，來修正我們今後的創作方向——我的創作經驗固然淺薄，而我的文藝批評修養也同樣淺薄，我所以貿然給它提出作詳細的，翻覆檢考的批評，一方面是針對時下流行的「紀實」偏向，「攝影式」的偏向，一方面，我覺得文藝批評風氣是要積極展開的，我的冒昧直陳，志在拋磚引玉，希望大家展開熱烈的批評，展開熱烈的討論。

二十、論朗誦詩歌的創作與反共詩歌朗誦運動

(一)詩歌創作的發展

在我國的古代，也像古希臘和世界各國一樣，民間流行著許多斷片的歌謠，有些是以某一事件為主題而敘事的，有些是抒情的。在漫長的時間中，都是自自然然的流傳在人們的口頭上，後來給人用文字連綴起來，便產生了許多敘事詩和抒情詩，許多甜蜜的戀歌，優美的牧歌，雄渾的頌歌，悲愴的哀歌……。後來給人奉而為「經」的詩經，便是在這樣產生的一大堆詩叢中撰編出來的。

隨著人的文化水平的不斷提高，文化活動的不斷加強和擴大，連綴，改編這些口頭文學的工作漸漸便給詩歌創作活動，部分地，而至大部分地代替了，然而，在古代的詩歌創作活動裡，除了一般的抒情詩和敘事詩外，常常是以戰爭的英雄，將軍，和國王為中心人物而大量創作對英雄人物的頌歌，或為衛國戰士的殤亡與家國敗滅的悲悼而較多地創作的哀歌，成了詩歌創作的主要活動，從上層階級出身的知識份子中產生的詩人，還不敢如民間歌謠一樣，公然發表他的戀歌。到了大詩人屈原，才奠下了高度成就的抒情詩的創作的基礎——屈原的辭、賦，本質上是詩歌。

漢，唐以後，不管那一類形式的歌詩，——抒情詩，敘事詩，長篇故事的敘事詩，戀歌，牧歌，哀

歌，和對英雄，對國王，對宮廷，對貴美人的頌歌，都發展得很完備了。以當時的現實為題材的，創作對象部分的移向民間的生活和鬥爭，已踏上了現實主義的道路的唐代偉大詩人杜甫、白居易，創作了許多不朽的長篇敘事詩，白居易的詩，更是為當時的老百姓所喜聞樂見的。而同時代的李白，也以他卓越的熱情奔放的抒情詩，為廣大的知識份子所愛好。

到了近代，因受西洋歌詩的影響，詩歌創作的方向和形式都起了基本的變化了。

在古詩裡，韻和旋律，是自然的，每句字數，是沒有機械化的規定的，使用的語言，都是近於當時的口語化的，——一部分，簡直就是當時的語言。可是後來，漸漸地，韻和旋律，都不是自然的了，恰像是硬套上的枷鎖，句子的字數被硬性地限定，越到後來，離口語化越遠，而本質上也是詩歌（Poem）的詞，更叫人像投環套索般麻煩地填入公式化的「圈套」裡——這一切，都像繩索般束縛了真摯的情感的流露，造成了創作發展，提高與普及的桎梏，終於給「五、四」的風暴，徹底的吹掉了——詩，作為情感的昇華的結晶的詩，又像古詩一樣，回到自然的韻律，自由的句法，使用口語化的語言的作風中去了。

「五四」後，新式的詩歌，不斷向前發展著，抒情詩，敘事詩，長篇故事詩、用歌劇形式表現的譜曲的長篇詩歌，寓言詩，諷刺詩，所謂舊瓶裝新酒的改編的歌謠……。幾乎歐美，尤其是蘇聯所有的詩歌創作的形式，都廣泛的運用了，古典主義，浪漫主義，唯美主義，象徵主義，現實主義各種作風也充滿了中國的詩壇，到了抗日戰爭後，由於抗日宣傳的迫切需要，詩歌工作者們，更提出了朗誦詩歌的創作運動，創作了一大批的朗誦詩。

與朗誦詩的產生同時，熱烈的詩歌朗誦運動也展開了。

（二）朗誦詩歌——宣傳的武器

在我的回憶裡，朗誦詩歌，確是宣傳的有力武器之一。

當詩歌朗誦運動展開的初期，我曾在南方、北方，在不同的政治地區裡——就是當我的主要的學習和工作目標，轉移了方向，從文運工作轉到組織鬥爭的工作，到武裝鬥爭的工作，我還對它和戲劇一樣保持著興趣，我前後曾參加過幾個詩歌團體的活動，初時，一批詩歌工作朋友，大膽的嘗試著創作朗誦詩，大膽的嘗試著進行公開的詩歌朗誦的活動，開始在文藝工作者的集會中嘗試著，逐步把活動伸向一般的知識份子，青年學生團體，伸向一般的群眾，再伸向農村和工廠，經驗告訴我們，詩歌——這朵文藝園地裡的貴族之花，曾被人奉為寓意深長，難於摸索的東西，只要寫作技巧方面，力求大眾化、口語化，取材方面，不要跟大眾生活脫離，加上朗誦技巧的加強，它不但可以使知識群眾領會，便是文化水準低下的工農群眾也同樣可以領會，而且，可以立刻觸起了共鳴，發生了宣傳鼓動的作用，使它和廣大的群眾密切地結合起來。

而朗誦技巧，也開始由單人方式的朗誦，逐步加強到多人方式的朗誦，由便裝的朗誦，發展到化裝的朗誦——幾乎發展到像小型歌劇一樣上台歌演，而事實告訴我們，多人的化裝朗誦，是比單人的便裝朗誦較有更大的宣傳效果的。

在廣州還沒有陷入日本人手裡之前，日機經常轟炸著廣州，我們有一次到一家曾被炸過，死傷過相當多工人的工廠裡去，朗誦詩歌控訴，當時，為了使廣大的粵籍工人容易領會，曾把它修變成廣州的口語化。而那首詩只是由單獨的受傷工人出面控訴的控詞，沒有多人的對答，臨時為了加強場面的動人，吸引聽眾，決定另派一位同志喬裝被俘的日本飛行員，被反縛在台上，只應對著控訴著的語氣，做著表情，控訴者穿工人服左手及額角纏上裹傷的綳帶，動作和談話配合，由控訴他本人在工廠被炸傷，到控訴他住宅又被炸燬，老母妻子，都被炸得血肉糊塗時，他聲淚俱下，聽眾觸景傷情，多紛紛落淚，當他揮起右手，怒指日本飛行員，邊咬牙切齒地控訴他們的罪狀時，聽眾中竟有人向喬裝日本飛行員的人怒擲石子，高聲喝打，群眾的同仇敵愾的氣氛，被宣傳鼓動到了白熱化，竟在空襲警報又嗚嗚地發出後，群眾還不肯散開——大家回去討論起來，都覺得這一次，總算是成功的一次了，總算完成了一次詩歌宣傳鬥爭的任務了。

又有一次，我在昆明參加魯迅誕辰紀念大會，事先毫無準備，臨時被請出來參加朗誦，一時苦無紀念魯迅的適當的朗誦詩，隨手選了一首非朗誦詩，但因它是學習瑪耶潤夫斯基的作風寫的，看起來似乎比普通的詩較易朗誦，我還記得它是一首抒情詩〈忘不了的老人〉，我硬著頭皮上台去朗誦，結果，成千的知識群眾雖然照例鼓掌，在座的老詩人穆木天，彭慧，雖說還算成功，同時在座的魯訊老友孫伏園，也說，聽到這誠意，更引起他憶念老友的幽思，可是，我懷疑這是不確實的，即使屬實吧，但那樣的情形，拿來跟在廣州工廠控訴的那一幕比較我真覺得有天壤之別了，假如這一幕不是面對著知識群眾，而是面對著工農群眾的話，恐怕聽眾對那文縐的語言，和不大明朗的寓意一點也不能領會，懵然不知所云呢。

經驗又告訴我們，朗誦詩歌雖然是宣傳的重要的武器之一，可是假如不加強寫作朗誦詩歌的特殊技巧，沒有創作成功的朗誦詩歌，而硬搬到詩歌朗誦的實際活動中去，自然是失敗的，假如實際朗誦活動沒有準備，又不加強技巧，這種武器，同樣是一無所用的，也許還會引起相反的效果，即使創作上，與實際朗誦工作上，都力求符合朗誦標準的改進與加強，但成功與否，還是要在群眾面前才能認真考驗得出來

——而考驗它的成敗，是會比戲劇在觀眾面前的考驗，還更迅速，更顯長的。

由抗戰到現在，歌詩朗誦運動是不斷向前發展著的，尤是在共區裡，共產黨更緊緊的抓著它，作為宣傳鬥爭的重要武器之一，但貪污，無能，怠工的國民黨宣傳官們，對它是不大感興趣的，也許偶然有一點形式主義的活動，但要他們大力使它擴展為跟群眾結合的宣傳鬥爭，似乎是很困難的。

（三）反共朗誦詩歌的創作問題

（工農先後各唸一遍）

你！
毛澤東，
你掛著革命的招牌。
反比強盜還兇
（工人控訴）
你！
毛澤東，
你說：
今天窮人翻身了

可是，咱們反更苦更窮！
拿的工錢吃不飽
還要強迫工作競賽
超額延長時間勞動
搾乾了咱們的血汗
送給最大的傻瓜一份勞動英雄！
你還害的工廠到處關門
咱們都要喝風了！
（農民控訴）
你！
毛澤東，
你說：
今天窮人翻身了
可是，咱們反更苦更窮！
你假分了地主土地
欺騙咱們貧僱農
你超額的徵糧
又天天向咱們征工

咱們整年耕耘，收穫，勞動
家裡卻剩不到一顆麥子和稻種
咱們都要喝風了！
（工農先後各唸一遍）
你！
毛澤東，
你掛著革命的招牌
反比強盜還兇！
你奴役咱們兄弟
你還要屠殺咱們工農
只要你對誰不如意
馬上便要關進牢籠
馬上便要給槍斃
（工農共控訴）
你！
毛澤東，
毛澤東！
你掛著革命的招牌

反比強盜還兇！

——朗誦詩：工農控訴毛澤東

我許久沒有寫過朗誦詩了，因為手頭缺乏朗誦詩的任何資料，更缺乏現成的反共朗誦詩，為了寫這篇文章，為了加強舉例說明，我才匆促地寫了這首：工農控訴毛澤東。這首朗誦詩歌是成功是失敗？讓我借它來，逐段說明瞭朗誦詩歌的創作方法的主要問題：

1. 內容問題——站在反共宣傳的立場，站在反共文藝戰線上，來創作朗誦詩歌，毫無疑問的覓取題材，是必須面向反共的現實中的，不管是抒情性質還是敘事性質，都不能脫離反共現實，這一點，我是做到了，它是以抒情方式，來反映工農對毛澤東的控訴的，但是，像這樣廣泛的題材，假如我不是匆促地為應付這篇論文的舉例而創作，我是應該充分綜合，選擇毛澤東欺騙工農的現實，加強這首詩的內容的。可能下，更例舉一些被欺騙，迫害的工農的典型範例，創造被迫害的典型的工農人物，這才能使作品的內容愈加充實——這是關於題材和內容方面的。這首詩選擇題材是反共現實主義的，是正確的，但由於創作的匆促，內容是不夠充實的，所表現出來的，是不能副予這廣泛的命題的使命的。

2. 形式問題——怎麼樣的內容，決定怎麼樣的形式，適當的形式可以發展了內容，不適當的形式，會束縛或削弱了內容。這個原則，在朗誦詩歌的創作上，是一樣適用的。像工農控訴毛澤東這樣複雜的內容，用太簡單的形式是會束縛它或削弱它的，因而，我用多人表現的形式，工人、農民各誦控訴詩句，有共同性的短節，可以和聲合誦，有共同性的較長的節段，為了避免合誦時聲調難一致的困難，可以各誦一遍，在實踐朗誦時，還可命一人喬裝毛澤東，像那日本飛行員一樣以動作表現應對控訴，這樣的創作形式，是可以發展這篇詩的內容的，是適應這篇詩的題材，就是恰如上面所指出，數倍地至數十倍地加強它的內容，這形式還是可以適用的，所以，在形式方面我認為是可以的。

3. 語言問題——語言問題，是創作朗誦詩歌的重要關鍵，應該這樣分別說明：

（1）創作朗誦詩所使用的語言，不但是現代化的，不能古代化的，不但是口語化的，而且，必須是知識水平低下的群眾——主要是工農群眾的口語化的，因為，知識份子的口語化，夾雜著那些文縐縐的辭句，朗誦起來，要下層群眾容易領悟是困難的，為了徹底完成宣傳鼓動的任務，為了使作品切實地能夠與廣大群眾結合起來，必須用下層群眾的口語化——而我，卻是小布爾喬亞出身的知識份子，文縐縐的語調是不能完全丟掉的，雖然十多年前已經為了要學習下層群眾的語言而下過苦功夫，可是，始終沒有得到如理想的成就，所以，我過去創作的朗誦詩，常常是在這方面形成了最大的缺點，比起那些工農出身的知識份子來，就差得太遠了，在這篇詩歌裡，夾雜著濃重的知識份子口語化，是使用語言方面的基本缺點。

（2）寫作朗誦詩，對語言，辭句的修正過程，是比一般的詩歌特別繁複的，首先，把它寫好後，要獨自朗誦多遍，自行修改，其次，必須朗誦給另一人或數人聽，請他人幫助修改，第三，必須向知識群眾，和工農群眾，進行過不祇一次的試驗朗誦，從群眾的反應，意見中攝取修改的技巧，尤其是對於使用的語言，能否獲得群眾領悟，感動為主，要題材不脫離現實，形式適宜，內容充實，起碼是不會太失敗了，可是，我這篇拙作，因受時間匆促與客觀條件的限制，這必經過程，是沒有通過的，因而，語言，和修辭方面的缺點也是必然的存在的。

4.其他技巧問題——這問題最好拿朗誦詩歌和普通詩歌作比較說明：

（1）一般詩歌每句的長短似乎影響作品的成敗不大，有些素描的辭句，為了加強形容的要素句子常常更拉得很長，可是朗誦詩是不適宜於使用過多長句子的，間中有一點點長句子，還要使用得當才行，最好長短參差適宜。

（2）修辭少用抽象的，譬喻的，過多的形容詞，也易使聽者迷糊，而一般的詩，對這些可以不必要求得這麼嚴謹。

（3）在每節段的終始點，情節最好有特殊而顯著的變化，能有使人警惕的突變更好，這樣可保持對聽眾吸引力的集中和不斷提高，而一般的詩歌，這點是無所謂的。

（4）一般的詩歌，對於自然的韻律是可有可無的，但朗誦詩歌則口頭化的韻律，最好配上，要朗誦者順口，聽者悅耳。

（5）還有一點要補充的是，朗誦詩不光是如別的詩歌一樣，靠著「烟士披里純」的觸發而塗寫的，必須以充分搜集，整理，選擇題材，才能配合得靈感，才能使靈感「發光」，否則，它就不會像普通的簡短的抒情詩那樣，單靠靈感而有時竟能使作品光彩耀人的。

5.展開反共詩歌朗誦運動

當我們正要求著，全面的，深入的展開反共宣傳鬥爭的現在，我們是應該使用這輕便的反共宣傳武器，投進反共的宣傳戰線上去的！

自由作者們，自由的詩歌工作者們！把反共的詩歌朗誦運動大規模的展開：

（1）首先，從過去朗誦詩歌的創作上，和從實際朗誦活動的經驗的彙積上，我們要給它分析，選擇，整理一下，總結一下，讓它和我們的反共文藝運動的原則，讓它和我們的反共宣傳鬥爭的戰略與策略結合起來，再從不斷的創作活動和實際朗誦活動中，攝取珍貴的經驗教訓，創造有系統的，完整的反共詩歌朗誦運動的理論——創作的理論，實踐誦朗的理論，與群眾大規模結合的理論。

（2）個別的反共詩歌工作者，必須把自己的詩歌創作面，擴大到朗誦詩歌的創作上，不怕失敗，因為成功是從不斷的失敗中彙積起來的。反共的報刊上，同樣要多多給予反共的朗誦詩歌來發表的機會。

（3）不過根據朗誦詩歌的創作原理，與實際朗誦活動的原則，它由開始便是集體性的，便是群眾性的，因而，為了大規模開展它的創作活動與實際朗誦活動，一切反共的詩歌工作者，都要立刻團結起來，組織成堅強的詩歌團體，一切愛好詩歌的各階層人民也要組織起來，加強與詩歌團體聯繫的反共詩歌活動。

把各種詩歌團體建立起來，按照著朗誦詩歌的複雜的創作方法來進行創作，才有較大的便利，成功的保證也較多，而實際朗誦活動的開展，才能切實的，大規模的展開。

同時，我們更要經常的進行，向知識群眾與工農群眾的朗誦活動，在實際朗誦之前，我們要多多的準備與試驗，關於便裝的單人的準備工作，必須練習語氣的高低，大小，與內容相適應，還要配合適當的姿態，動作，表情。沒有這些適當的配合，再好的作品，也是不能收實際效果的，單人的化裝朗誦，自然就要有適當而技巧的化裝了，多人的便裝與化裝朗誦，除了每個人具備了上述的個人應有的條件外，便更要注意到各人間的協同了，要協同得和諧，如果事先沒有準備是不行的。

（4）反共的詩歌工作者動員起來，反共的一切詩歌團體動員起來，走出詩人的「象牙之塔」，面向血淋淋的現實，面向鬥爭，經常走到工人面前，農民面前，走到知識份子，青年學生，商人，婦女群眾們面前，把反共的歌聲朗誦開去，讓詩歌和群眾結合起來，變成了反共鬥爭的巨大的力量。

二十一、加強反共筆部隊的陣容，為自由作者大團結而鬥爭！

自從毛澤東匪幫的鐵蹄踏遍大陸，無數的自由文化工作者，除了一部分冒險掩蔽在群眾中，進行祕密的鬥爭外，大多數都逃亡到海外來了。由於地理上的方便和國際的特殊條件，自由作者之聚集在這中國的邊緣的小島上，毫無疑問的，是一天比一天增加著，到現在，從數量上說，是空前的集中了。

可是，拿起筆桿來跟敵人戰鬥的文化工作者，也恰似拿著槍桿來跟敵人戰鬥的將士們一樣，假如他們分散開來，在不同的時間，空間下，沒有訓練，沒有組織，各人拿著不同的武器，向著一群集中的，組織堅強的敵人，進行亂撲一通的戰鬥，這失敗是必然的，付出的犧牲，是毫無意義的。即使戰鬥不是用個人形式，而是分成無數的小集團，雖然同樣是面向著共同的敵人，但戰鬥的步驟，不一致，缺乏協同，同樣也會給敵人各個擊破，同樣也會不能達到殲滅敵人的目的，同樣也使鉅大的犧牲，缺乏價值。今天，拿筆桿來跟毛澤東匪幫戰鬥的自由作者們，個別的亂撲，固然收效甚微，無數小集團的零星戰鬥，同樣也不會摧毀敵人的。寶貴的時間和精力的大量犧牲，不能達到預期的效果，未免太可惜了。

「沒有組織，便沒有力量！」這句話是不錯的，要加強我們反對毛澤東匪幫的力量，我們必須把一切反共的自由作者團結起來，組織起來，結成一支強大的反共筆部隊！站在這反共前哨上，給毛澤東匪幫與致命的打擊！

可是文化工作者有一種通病，這通病首先就是個人自由主義，個人自由主義的過分發展，是與組織性的集體主義相矛盾的，或是對組織不感興趣，或者是對組織的興趣前熱後冷，這種情緒，只會削弱團結，削弱組織，同時，也削弱了自己的積極的鬥爭活動，在大敵當前，形勢迫人的今天，每個自由作者，都應該相對的或絕對的犧牲個人自由，而以爭取大眾的自由為職志，都應該跟自己的個人自由主義，作不留情的鬥爭，為加強自由作者們的大團結而鬥爭——這是今天，逗留在大陸邊緣，站在反共前哨的香港的每個自由作者本身應該檢討的。

同時「文人自大」，也是每個文化工作者常犯的通病。「個人自大主義」之危害團結與削弱組織，幾乎跟「個人自由主義」相等，「自大狂」的思想路線與實踐方向是可笑和可恥的，他們時常把自己估計得太高，而對他人和團體估計得太低，他們常常要他人或團體為了他個人而委曲求全，而逆來順受，他自己觀念裡，始終覺得超人一等，「只我配領導他人，誰配領導我？」因為組織是離不開領導的，即是實行集體領導制吧，「個人自大主義」的發展，和存在，是不能容許的，在大敵當前，形勢迫人的今天，每個自由作者，今天，都應該肅清自己意識中，殘存的可恥的「個人自大主義」，為了加強團體的發展，為了加強團結，寧可「屈居」人下，為了使組織壯大和堅強，同時，為了使自己進步與日俱增，更應該處處掘人所長，向人學習，向本身觀念中的「自大狂」作不留情的鬥爭。

第三「犧牲精神不夠」，也是文化工作者常有的通病，我到香港後，常常碰到些朋友，從香港環境特殊，怕本身受牽累，不能參加「團體」或任何集體鬥爭，我聽了真覺可笑！後來我問過一位朋友，香港今天的環境「特殊程度」比毛澤東匪幫統治下的大陸如何？假如這樣「怕受牽累」，大陸上豈不是早就停止一切鬥爭了麼！還有人敢回大陸參加鬥爭麼？就說在滿清皇朝統治下吧，其「特殊」程度，當然也比今天香港超千萬倍的，假如同盟會的自由戰士們，也這樣怕「牽累」，民國從那裡產生出來的呢？那位朋友說：「理論上說這是對的，但我相信，在今天，很多讀書人都沒有這樣的犧牲精神了！……」

這是什麼話？要為人民大眾爭取民主與自由，要為反共抗俄，要為擊潰毛澤東匪幫的惡統治而鬥爭，卻又要不肯付出犧牲的代價，連起碼的犧牲精神都沒有，還配談任何鬥爭嗎？所以，就在這「淨土」一樣的「民主之憲」裡，每一位文化工作者，假如他有決心投進這反共洪流來，是必須具備高度的犧牲精神的，否則，他根本就不配作為一個自由作者，他對加強自由作者的大團結與集團鬥爭是毫無幫助的。

一切為民主與自由而鬥爭的文化工作者團結起來！揚棄我們所有的通病，大家堅強的組織起來！為了增加大家交換鬥爭意見的機會，為了加強大家意見的一致，為了加強集中大家的鬥爭力量，離開了組織，便變成了空談。而組織路線，毫無疑問的，是要走群眾路線的。只要他是反共自由作者，我們都要把他團結起來，從大學教授，到工人群眾中的寫作者，否則，反共部隊陣容的壯大是困難的。

同時，還可以利用這「前哨站」地理上的便利，跟大陸上千千萬萬的自由作者緊密的聯繫起來，——不但是消極的傳遞鬥爭現實情況的聯繫，還要積極的協助和策動大陸上的自由作者的反共鬥爭活動的加強聯繫，把「團結」的線索，由這祖國的邊緣，伸入到祖國的心臟，把「組織」的織針，伸入到大陸上的每個角落，編織起緊密的自由作者的鬥爭網，否則，我們的團結還是不夠的，反共筆部隊的陣容的壯大還是不夠的。

在一九五一年，在這大陸邊緣的小島上，在這反共筆部隊的前哨站上，每個自由作者，都應該為加強反共筆部隊陣容的壯大而鬥爭！

跋：這不過是一個開始

這是一本敘事和評論的小冊子——這是血淚淋漓的現實，這是億萬人民的咀咒的反映。當這冊子脫稿時，我感到異常的悲痛——我想不到在我的筆下，竟會有這樣可怕的事情記下來。然而，客觀終於決定了主觀，血淋淋的現實，終於操縱了我的觀念和情緒。今天，我想要還如過去一樣，在那無數的詩篇裡，論文裡，以一股空想主義的熱情，把毛澤東歌頌如太陽，把毛管區內禮讚為理想的天堂，已是不可能了。

今天，當中共的猙獰面目，原形畢露的今天喲，即使我主觀上，還想要如過去一樣，在國民黨特務脅迫下，還要高呼毛澤東萬歲！已是不可能了。我還想要在暴力的管制下，仍是寢食不忘地相思著莫斯科，相思著延安，相思著石家莊，已是不可能了。

現在，我在無人誘脅下，把毛澤東的罪惡統治，那血淋淋的事實，那億萬人民的咀咒，忠實的反映出來。

謹以這本小冊子，獻給幫助我，使我有可能地，有決心地衝出樊籠，再像那白雲下的海鷗！翱翔縹渺在遼闊的海天上的人，並致深深的謝忱。

親愛的讀友們！這不過是一個開始。

一九五〇年、冬、於南海之濱。

附錄：祭夫文

葉美珍

寒波，我忠誠的伴侶！雖然咱們倆合作共同生活僅只有短短的十一年，但是呵，命途多舛！多難的我們，在這整整的十一年當中，一直總在憂患困危的駭濤中浮沉翻滾，滾、滾、滾！滾出去又滾回來，滾了一個大圈，滾了整整十一年，由香港、九龍至華南、華中，由你的故鄉粵台山至紹（按：可能是「韶」之誤）至穗，曾過長江漢水至黃埔寧、滬各處，我們都淌過傷心淚。你過黃河，越長城，嘗盡跋涉艱辛！嘗盡了跋涉的艱辛！波喲！寒波！至今天喲至今天，我……我再也看不見那壯碩的，充滿了生命活力的你了……天呀！天喲！誰能料想到，反會臨到病弱的我，來憑弔你的孤魂呢？……

寒波喲，寒波！我們的往事真太不堪回首，我們總在苦難中。但苦難中我們都能同舟共濟，在飢餓線上掙扎時，都能彼此忘己，咱們，咱們共過重疊的艱難，由這當中，兩人得到較深的認識、了解，數度的離亂，增強彼此負責的信念。

波喲！你是個對政治特感興趣的活躍、勇敢的青年！而我呢？是個不懂政治的、沉靜的、機械的執教者。我倆籍貫不同，個性與出身各異，但是我是學藝術的。又愛好文藝；你，你是擅長文藝，通哲理。同時愛好文藝藝術的我倆，結合後，偏卻要各盡道義，互守信義，某些矛盾障碍不了我倆結合，因為我們都富有感情，也都富有理性，這豐富的感情與理性，便交織成了一連串的不幸！不幸，造成了我倆的悲痛史，也就是你的惋歌的詩史，回憶既往，悲痛的往事，痛定思痛，唉……怎不令我肝腸寸裂，淚水滂沱……！

辛酸喲，真太辛酸！寒波喲，寒波！災難與你我結了不解之緣，唉！波，我苦難的侶啊，我們是多難祖國中的一對多難的兒女呵！當年，這兩個懷著兩棵火熱的愛國心的你我，在太平洋戰爭爆發，香港淪陷後，我們就在陷淪後的港九，在戰亂中結合。悲憤恐怖代替了你我新婚歡樂，當環境被威逼得不容許我倆再逗留下去的除夕，雙雙出走逃亡。

當逃亡到澳門，在澳門上了帆船，虎口餘生是多麼感到慶幸，你那麼興奮的說：「我們今晚就可以回到祖國的懷抱，重在祖國的旗幟下呼吸自由的空氣了！」我當時也淌下興奮的熱淚。波！要是死者有知，你定當清楚的記得那一頁吧？

旦夕禍福，剎時就災禍到來，海盜劫船，搜劫五次，遭受洗劫，僅以身免。又逢回鄉籌款不遂，中斷了赴渝的行程。

在你故鄉「毓南別墅」留居了五個月，這五個月呵！要算是咱倆共同生活中最安適的一個階段了！但是我們的生活是那麼的嚴肅，有規律，你鼓勵我寫漫畫，幫助我研究哲學。你自己呢，創作著熱情奔放的詩，憂鬱的歌。當時，你是我的監督人，我是你的朗誦者，這樣的互相砌磋。

離鄉赴台山城，以後每一階段都是那麼緊張，痛苦犧牲中得不到結果。抗日戰爭的後期，我一直在顛沛中，因為我們不願一生生活在變色的土地上。你，你想站在民族戰鬥的前方，於是，跋涉離散，洗劫遭遇到災患重疊。

我們一直在崎嶇的道路上奔逃，波喲！你有你的理由，有你的不得已，你的苦衷難為家人知！你在每一階段，不能忍心傷害與你有關的人，你還喲信人如己。

寒波，你是一個真正提倡「婦運」的男性，你鼓勵我「社會服務」重於「主持家政」，當我做了孩子的母親，漸漸為兒女的柔情降低了自己的意志時，波喲！你是那樣赤誠的勸勉我，令我再過教師生活。你，你並不是不願家庭中有個良好的主婦，而你喲，是為了實踐你當年的約言「女性、結婚、與事業並不是絕對衝突的，主要的是要看對方男性的為人，要是與一個贊助婦運者結合，他反而能協助你，推動你，在人生的途程中齊奔邁進。」

寒波，寒波！你有強力的求知慾，在任何經濟困窘下，你仍然購買讀物，讀；書又是那麼的認真，你要啊，你要充實你的人生，啊喲波……但是時至今日，我只能看到的是一杯黃土，波喲！再不能見到你的音容，怎不令我如劍穿心，痛不欲生。

啊！一九五二年一月十六日，是個多麼悲痛的紀念日，當日下午我們在汽車上分手，就成了永遠的分手喲！當時，你最愛的鏗兒是那樣奇異的哭號，不願跟媽媽先下車，這可憐的稚子，是否預感到將要變成失掉父親的孤兒呢！

傍晚暴雨，你卻為了年關在即，為了對人守信，為了清還債務，仍在外奔走。雨是愈下愈大了，波！你身邊不夠一塊錢，又喲！又沒帶雨具，怎叫我不焦急呢？唉！七口之家，我又沒職業，真累到你透不過氣來。我燒好晚飯等你，外面是大雨如注，我是那樣的焦灼盼望，但是夜深了，我送孩子們瞓覺。

終於門響了，呵！天呀！希望變成了絕望呵！進來的不但不是你，而卻是傳來你噩耗的人，這晴天的霹靂，怎能受得起！老母在地上哭滾，孩子們痛哭號啕，真叫我求死不得，呼天不應，撞地無門。

波喲！悲苦的波，就在你和我永別的當晚，狂風暴雨不斷襲來。天呵！你是否為這不幸的家庭，這兩個不幸的青年同情，難過而痛哭嗎？

波！人生自古誰無死，你倒下來就算了吧！好好安息吧，寒波，你生前是太苦了，希望你死後在天國裡永享福樂。

波！經過既往的考驗，我們彼此對這小家庭都是相當負責，寒波喲寒波！我雖不敢以「義人」自命，但多年來，你母子都公認我能刻苦耐勞。而今呵而今，雖然擔子是太重了，但我甘願負擔，苦喲苦，這是我命運注定……但是苦難只能折磨損傷我的外形，變不了我「堅貞」的心，直到我倒下來，倒下來。

寒波喲寒波！只要你死而有靈，你的靈魂必會歸來伴我。四個孤雛都這樣的幼小，最大的方十歲，最小的才十個月，波！你必定會與生前一樣的負責，佑護咱們的孩子，和你年過古稀的慈親，幫助我撐著這破爛的舟子，助我把著這孤帆舵，達到人生的彼岸。唉！言有窮而意不能盡，好在你知我殷深，必會喲必會歸來，撫著我這苦痛的心，破碎的心，佑護我們孤兒，佑護你年邁的母親。

素珍泣　一九五二年四月五日

Do人物43　PC0528

我當著毛澤東特務的日子

原　　著／陳寒波
主　　編／蔡登山
責任編輯／李冠慶
圖文排版／楊家齊
封面設計／楊廣榕

出版策劃／獨立作家
發 行 人／宋政坤
法律顧問／毛國樑　律師
製作發行／秀威資訊科技股份有限公司
地址：114 台北市內湖區瑞光路76巷65號1樓
電話：+886-2-2796-3638　傳真：+886-2-2796-1377
服務信箱：service@showwe.com.tw
展售門市／國家書店【松江門市】
地址：104 台北市中山區松江路209號1樓
電話：+886-2-2518-0207　傳真：+886-2-2518-0778
網路訂購／秀威網路書店：https://store.showwe.tw
國家網路書店：https://www.govbooks.com.tw

出版日期／2015年10月　BOD一版　定價／300元

|獨立|作家|
Independent Author
寫自己的故事，唱自己的歌

我當著毛澤東特務的日子 / 陳寒波原著 ; 蔡登山主編.
-- 一版. -- 臺北市 : 獨立作家, 2015.10
面 ;　公分. -- (Do人物 ; 43)
BOD版
ISBN 978-986-92127-1-7(平裝)

1. 陳寒波　2. 回憶錄

782.887　　104015691

國家圖書館出版品預行編目

讀者回函卡

感謝您購買本書，為提升服務品質，請填妥以下資料，將讀者回函卡直接寄回或傳真本公司，收到您的寶貴意見後，我們會收藏記錄及檢討，謝謝！如您需要了解本公司最新出版書目、購書優惠或企劃活動，歡迎您上網查詢或下載相關資料：http:// www.showwe.com.tw

您購買的書名：____________________

出生日期：________年________月________日

學歷：□高中（含）以下　□大專　□研究所（含）以上

職業：□製造業　□金融業　□資訊業　□軍警　□傳播業　□自由業

　　　□服務業　□公務員　□教職　□學生　□家管　□其它_____

購書地點：□網路書店　□實體書店　□書展　□郵購　□贈閱　□其他

您從何得知本書的消息？

□網路書店　□實體書店　□網路搜尋　□電子報　□書訊　□雜誌

□傳播媒體　□親友推薦　□網站推薦　□部落格　□其他__________

您對本書的評價：（請填代號　1.非常滿意　2.滿意　3.尚可　4.再改進）

封面設計____　版面編排____　內容____　文／譯筆____　價格____

讀完書後您覺得：

□很有收穫　□有收穫　□收穫不多　□沒收穫

對我們的建議：____________________

____

____

____

請貼
郵票

11466
台北市內湖區瑞光路 76 巷 65 號 1 樓
獨立作家讀者服務部　收

（請沿線對折寄回，謝謝！）

姓　　名：＿＿＿＿＿＿＿＿　年齡：＿＿＿＿　性別：□女　□男

郵遞區號：□□□□□

地　　址：＿＿＿＿＿＿＿＿＿＿＿＿＿＿＿＿

聯絡電話：(日) ＿＿＿＿＿＿＿＿　(夜) ＿＿＿＿＿＿＿＿

E-mail：＿＿＿＿＿＿＿＿＿＿＿＿＿＿＿＿